RÉPONSE

AUX

OBSERVATIONS

DE M. H. D.

Sur *l'Appel au Peuple* du sieur Vidal, se disant apôtre Saint-Simonien, compagnon de la femme,

PAR

LOUIS MOLINIÉ.

St.-PONS,
De l'Imprimerie de Jean France
1835.

RÉPONSE

AUX

OBSERVATIONS

DE M. H. D.

Sous quelque nom que se présentent les ennemis de la Société, l'homme de bien doit toujours être disposé à les combattre. (J.-J. ROUSSEAU.)

TELLE est l'épigraphe qu'a choisie l'auteur des *Observations*, et que modestement, il s'est appliquée.

L'homme de bien qui élève sa voix pour combattre les ennemis de la société, devrait être plus vrai, plus logique, plus philantrope, meilleur que les ennemis qu'il combat : voyons si M. H. D. est un véritable homme de bien.

« *A une époque contemporaine de 1830 apparut en France, une secte dont l'existence était restée jusqu'alors inconnue* ».

4

Il y aurait de la vérité dans ces paroles, s'il n'y avait un parachronisme de quelques années. Pourquoi vouloir enlever à cette secte quelques années de son existence ? Qui ne sait qu'elle a commencé à donner de la publicité à ses doctrines en 1825, et par la voix de la presse, et par la parole, et que, successivement elle a étendu ses enseignemens ou prédications, de la capitale, aux départemens et à l'étranger?

M. H. D. continue et dit:

« *Les doctrines professées publiquement par les partisans de Saint-Simon, éblouirent quelques jeunes têtes ardentes et avides d'innovations* ».

Heureuse la secte qui a le bonheur d'attirer à elle des têtes jeunes, ardentes et avides d'innovations !

« *Bientôt, des prédications à jour fixe, furent organisées dans différents quartiers de la Capitale* ».

D'après M. H. D. ce ne serait que postérieurement à 1830, que les prédications des Saint-Simoniens auraient été entendues, et à Paris seulement; nous avons dit plus haut à quelles époques commencèrent les dites prédications, et là où elles eurent lieu.

Nous sommes fâché de prouver une seconde fois qu'il n'y a pas vérité dans ce peu de lignes.

Poursuivons :

« *Le public se précipita en foule dans ces Athénées de nouveau modèle, et en ressortait toujours, sinon édifié, du moins satisfait de la modération et du ton de convenance avec lequel l'orateur avait exposé ses principes.* »

L'auteur est si généreux dans ce paragraphe, que nous le copions tout au long par reconnaissance.

Reprenons :

« *Le gouvernement resta long-temps paisible spectateur des efforts de cette jeunesse pleine d'imagination ; il pouvait regretter que les nouveaux talens qui venaient de se produire au grand jour, n'eussent pas donné à leur esprit une meilleure direction ; mais il devait rester neutre dans tout ce qui se passait sous ses yeux, parce que, actions et langage, tout jusques là était inoffensif »*—

Il eût été par trop impolitique , par trop maladroit que les *gouvernans*, nés de la veille , créés à l'improviste et de confiance , eussent , le lendemain des trois immortelles journées de juillet , dès leur entrée au pouvoir , attaqué cette *jeunesse pleine d'imagination , qui n'agissait qu'avec modération et convenance* , et qui , en un mot , n'avait *rien d'offensif.* Mais laissons les *gouvernans* se cramponer au pouvoir et nous verrons.

Personne ne mettra en doute que *si ces nouveaux talens* , avaient , comme la plus part de nos hommes d'état , qui ont si bien exploité 1830, donné à leur esprit une direction plus *centrale, plus mercantile,* ils n'auraient pas arraché des *regrets aussi amers au gouvernement.*

Quelle ingratitude envers un gouvernement tout *paternel* !!!

« *Les semences de ces nouvelles doctrines répandues dans tous les journaux , se propagèrent bientôt dans toute la France* ».

Dire que les journaux *propagèrent dans toute la France , les semences de ces nou-*

velles doctrines, c'est faire beau jeu aux Saint-Simoniens : c'est avouer leur puissance ; c'est proclamer leur force.

« *Les prosélytes de Saint-Simon virent grossir insensiblement leur phalange , et plus d'un père de famille eut à verser des larmes, en voyant celui en qui il avait fondé ses plus belles espérances, se jeter corps et biens dans ces idées nouvelles* ».

Que le gouvernement ait regretté que les nouveaux talens (les Saint-Simoniens) a'ent donné à leur esprit une direction qui n'était pas la *sienne*, à la bonne heure ; mais est-ce une raison pour que les pères *aient versé des larmes*, à voir leurs fils se jeter *corps* et *biens dans ces idées nouvelles?* Ces larmes eussent été plus légitimes, si leurs enfans se fussent jetés dans un cloître de fainéans pour y passer une vie nulle.

Mais soyons conséquens : si , alors qu'un fils obéit librement à l'impulsion qui nous pousse tous, nous voulons dire au progrès, à l'amélioration, le père est assez *tendre*, assez *niais* pour pleurer de ce qui fait la félicité de celui à qui il a donné le jour , que ne devrait-il pas faire , lorsque ce fils touche à à l'âge de la conscription , époque toujours critique et bien souvent fatale aux pères et aux enfans.

« *L'opinion publique ne pouvait pas rester long-temps à se fixer; son jugement fut prononcé* ».

Si l'opinion de notre gouvernement, si la plupart de ses arrêts pouvaient être considérés comme étant l'opinion et les arrêts de tous les Français, l'auteur aurait raison, car, en janvier 1832, et pour la première fois, les Saint-Simoniens furent troublés, empêchés, et depuis, traqués par la *vigilante* police. Alors *les colosses de la liberté,* nos gouvernans, se crurent assez forts pour devenir tracassiers ; ils cessèrent d'être *neutres*, et cependant, les Saint-Simoniens étaient toujours inoffensifs.

Pauvres Saints-Simoniens ! ! !

« *On taxa d'utopies ridicules , toutes les innovations des héritiers de Saint-Simon* ».

Il fallait bien leur reprocher quelque chose pour acquérir le droit de les poursuivre , et c'était leur faire trop de grâce que de ne les accuser seulement d'être des utospistes, après les avoir accablés de tant d'autres épithètes.

« *La discorde et bientôt la défection se mirent dans leurs rangs* ».

Il est facile d'assigner une cause à ceci : il n'est pas donné à tous les hommes d'être endurans ; il en est qui ne résistent pas aux moindres tracasseries de l'injustice ; il en est qui au contraire, grandissent par elles ; et il en est d'autres, et bien d'autres ! qui demeurent fièrement impassibles et bravent audacieusement les arrêts de la *Thémis aux trente millions de voix* !

Tel est le genre humain !

« *Après cette rupture, fondée sur une dissidence de principes, restèrent d'un côté les partisans de Saint-Simon amis de l'ordre et de la morale publique* ».

Merci pour ceux-là et pour Saint-Simon.

« *De l'autre côté, ceux qui voulaient tout renverser, tout détruire dans le monde social, sans respect pour ce qu'il y a de plus sacré ; la morale et la propriété* ».

En effet, MM. les Saint-Simoniens *tenaces*, c'est trop que de vouloir tout *renverser*, tout détruire dans le monde social, et de ne *conserver aucun respect pour la morale et la propriété.*

On assure que vous voulez instruire et enrichir le peuple. — Et qui fera valoir nos propriétés, nos manufactures, nos ateliers ? qui se chargera des travaux dégoûtans et pénibles?

Mais vous n'avez pas songé à une chose non moins importante (*toujours pour la morale*); et les filles du peuple si elles deviennent aussi instruites que nous le sommes, et qu'elles ne soient plus aussi misérables ? elles seront plus fières et partant plus difficiles. Et il ne serait pas moins comique que nous vissions un jour ce peuple se permettre quelques familiarités avec nous. Il faut qu'il y ait là quelque chose de plus ou de moins : car les mœurs avant tout, et les distinctions en même temps.

L'on vous accuse aussi de vouloir porter vos mains furieuses sur les successions de tous degrés de parenté, même sur les fortunes d'autrui ;

De ne vouloir pas même (mais ceci ne peut être qu'une charge) la transmission des trônes du père au fils ;

On va plus loin ; on ajoute que vous ten-
dez à un renversement tel, que vous pré-
tendriez faire d'un président de cour, un
substitut, et d'un substitut, un huissier ; et...
Il faut en convenir, MM. les Saint-Simoniens : ou vous êtes de grandissimes fous,
ou je ne vous ai nullement compris.

M. H. D. reprend :

« *N'étant plus comprimés par une sage
opposition qu'ils trouvaient, même dans leur
sein, ils se répandirent, en chantant, pérorant sur les places, dans les lieux et réunions publics de toutes les villes, ne cherchant qu'à relâcher et à rompre les liens
de l'ordre social* ».

Relâcher et rompre les liens de l'ordre
social, n'est qu'un diminutif d'un *renversement total* et d'une *destruction générale* ».

Qui peut le plus peut le moins.

« *Ainsi, après avoir détruit le foyer do-
mestique, ils flétrirent la société conjugale ;
après avoir cherché à changer l'ordre des
successions, ils prêchèrent la communauté
de tous les biens ; après avoir prêché l'é-*

galité devant Dieu , ils prêchèrent enfin , l'égalité entre tous les hommes ».

Le but de ce passage serait plus complet, si à la suite de ces mots : « *la communauté de tous les liens* » on eût fait suivre ceux-ci : « *la communauté des femmes* ». Ce ne peut être qu'un oubli après tant d'autres échappés à M. H. D. Pour ce qui est de la *destruction du foyer domestique* , de la *flétrissure* de la *société conjugale* , *des changemens dans l'ordre des successions* et de leur prétendue opinion sur *l'égalité entre tous les hommes* , nous mettons tout cela au nombre des bagatelles qu'embrasse largement l'avant dernier paragraphe , sur le *renversement* et la *destruction* du *monde social*, jusqu'à ce que messieurs les rénovateurs ou leurs ennemis soient convaincus de leurs erreurs.

« *Ces doctrines anarchiques , subversives de toutes les lois , ne pouvaient qu'exciter l'attention du gouvernement ; il aurait manqué au premier de tous ses devoirs, s'il ne fût venu au secours de l'ordre social attaqué. De son autorité , les réunions publiques des apôtres de Saint-Simon furent interdites, et les plus obstinés, traduits devant les tribunaux* ».

Ce dernier fait est un des rêves de M. H. D. rien n'est moins vrai qu'une pareille assertion. Tous les journaux de la capitale, en date du jour des premières poursuites dirigées contre les Saint-Simoniens, sont là pour la démentir ; tous d'une voix unanime rendent hommage au calme et à la modération que ces Messieurs opposèrent à ces maladroites brusqueries d'un pouvoir qui n'en sait pas d'avantage. Nous engageons M. H. D. à parcourir ces journaux afin qu'il puisse relever cette erreur dans sa seconde édition.

Après avoir fait remarquer cette inexactitude de la brochure de M. H. D., nous ferons remarquer que le passage qui précède ces mots : « *et les plus obstinés...* » n'est point ici à sa place, il le faudrait après la la première phrase du libelle, attendu que ce n'est pas, ainsi que nous l'expose M. H. D., tout récemment, que le gouvernement *défenseur de nos libertés* a commencé à poursuivre, de son *autorité*, les apôtres de Saint-Simon. Ce n'est pas seulement après que les *partisans* de Saint-Simon se furent *répandus en chantant, pérorant sur les places, dans les lieux et réunions publics de toutes les villes* que *l'autorité du pouvoir* déploya sa faiblesse contre eux ; mais bien ainsi que nous l'avons fait remarquer, en janvier 1832 : alors il y avait deux ans que l'on était en possession du droit de tout faire impunément ; il était temps d'en donner des preuves : aussi, l'histoire ne nous fournit-elle point d'exemples, que des *perturbateurs,* comme les Saint-Simoniens, aient jamais été honorés d'une interdiction aussi en *forme* et aussi *belle* que celle qui leur fut lancée en 1832. Il fallait voir, à part l'humble cortège du parquet, ces beaux et nombreux fantassins, ces plus beaux et plus nombreux cavaliers ; on eût dit les préparatifs de la prise du *Trocadéro* ou de la citadelle d'*Anvers.*

Nous sommes bien aise de rappeler à la mémoire de M. H. D. ces *beaux* faits historiques de janvier 1832, afin qu'il puisse demeurer convaincu qu'ils ont eu lieu avant que les Saint-Simoniens se fussent livrés à la vie de voyageur, à laquelle seulement on voudrait attribuer toutes les mesures aussi mesquines que gigantesques de la *haute police,* à leur égard.

Nous nous demandons si ces amalgames de faits que nous présente l'écrit de M. H. D., ces imbroglio de circonstances, ces anachronismes sans fin, ne seraient pas une feinte du métier? si tout cela n'auraitpas pour but de faire oublier une juste remarque que firent tous les hommes qui aiment à se rendre raison de tout, à l'époque du déchaînement du pouvoir contre des citoyens qui n'avaient cessé, de l'aveu même de notre adversaire, de tenir une conduite et un langage inoffensifs? Ces hommes se dirent: comment se peut-il qu'un gouvernement *fort, généreux, populaire, ami de l'égalité, prôneur de la liberté, défenseur de de nos droits,* use de persécution envers des hommes, sans reproche d'ailleurs, et qui n'avaient jusques là éprouvé le moindre obstacle dans l'enseignement de leurs doctrines, même sous un gouvernement que son *succes-*

seur, appelle déplorable, enfin sous un gouvernement faible, peureux, rétrograde, encroûté de la rouille des siècles passés? On serait tenté de croire que 1830 à fui d'un côté, en même temps que la famille exilée a fui de l'autre.

Devinez ce qui nous reste.

M. H. D. avoue que *l'opposition du gouvernement fut taxée de persécution.*

En France, on appelle quelques fois les choses par leur nom.

Mais continue, M. H. D., *l'éloignement des populations pour ces sectaires, l'absence de toute sympathie pour leurs doctrines, ne tardèrent pas à faire justice des mesures salutaires quil avait prises ».*

M. H. D. a quelquefois l'habitude de prendre la partie pour le tout, la contrainte pour la libre volonté. *Tant que les mesures salutaires* du gouvernement n'auront pas de plus positives justifications, elles auront de la peine à se voir autrement *taxées que de persécutions.*

« *Les mauvais traitemens que certains de ces rénovateurs eurent à essuyer dans la* cours de leur mission, les portèrent à s'arroger le titre pompeux de martyrs de la Foi Nouvelle ».

Si nous tombons d'accord, avec M. H. D. qu'il y a un peu de vanité à s'arroger le titre de martyr, à si bon marché, il nous paraîtrait un peu juste, aussi, que lui, en sa qualité *d'homme de bien*, nous fît connaître le titre que doivent à leur tour, s'arroger les auteurs des sus dites persécutions.

« *Et ne pouvant exciter, par leurs principes, aucun intérêt, ils crurent mieux disposer l'opinion publique, en se présentant comme victimes de leur trop grand amour du genre humain !* ».

Tant pis pour eux, s'ils sont victimes de leur système. Pourquoi, avoir tant d'amour pour le genre humain ? A quoi bon un système d'amélioration ? Ne savent-ils pas que la fortune et les grands, même ceux qui le veulent devenir, sont les ennemis acharnés des hommes de cœur ; que la fortune est tout, ici bas.

» *Honnis pourchassés sur tous les points, leur persévérance ne fit que s'accroître* »

Et par qui, s'il vous plaît *honnis et pour-chassés sur tous les points?* S'il faut en croire ce que nous avons ouï dire, et ce que nous avons vu de nos propres yeux, ce sont sur *tous les points,* les mêmes mains qui les lapident, les mêmes bouches qui les insultent; ce sont pour la plupart, quelques tristes et bonnes gens qui, illuminés, embrasés de fanatisme, se font, vers le déclin, comme pour faire *amende honorable,* les instrumens de la colère, de la vengeance des Dieu, à la manière de ceux qui ne voient Dieu qu'en eux-même, et qui le font à leur image. Et à mesure que la persévérance de *martyrs* s'accroît en face de toute espèce d'humiliations et de souffrances, le gouvernement, par surcroît de *générosité,* survient aussitôt et les frappe *loyalement* de sa lourde mais impuissante main de fer.

Pour être forts, il n'y a qu'à frapper ensemble et d'accord.

« *Mais avertis par tant d'échecs, ils sentirent qu'ils devaient abandonner leur premier plan, pour en adopter un autre qui attirât à eux la sympathie d'une certaine classe de la société* ».

19

Nous l'avons dit : les Saint-Simoniens grandissent à la faveur des obstacles que le *pouvoir* et sa liguée s'efforcent de leur opposer, ils sont et demeureront toujours inflexibles à leurs tyrannies, même à leurs caresses. Exempts, ennemis de l'esprit de coterie et de l'étroitesse des partis politiques qui s'entredéchirent, uniquement guidés par le plus rare désintéressement et passionnément voués à l'extirpation des abus et des priviléges qui rendent les uns oppresseurs et peu tranquilles, et les autres opprimés et remuans, ils n'ont à ménager, ni à mendier, ni à acheter la *sympathie d'une certaine classe de la société* ; ils parlent, ils agissent dans l'intérêt de tous : voilà ce qui leur a mérité entr'autres épithètes, celle de *déstructeurs de l'ordre social*, de la part de M. H. D. et de ses consorts. il n'est point de marquis, de barons, de noblillons ou bâtars d'iceux, qui n'aient regardé comme un *renversement* et une *destruction de l'ordre social*, le décret de la célèbre nuit du 4 août 1789, qui leur arracha pour toujours leurs antiques brevets d'insolence, par eux considérés jusques là, comme *impres-criptibles* et *sacrés*.

Et combien d'autres hommes ne se sont-ils pas écriés, il y a trois ans : « A nous ! Français fidèles, à nous ! sans quoi il y va du *renversement de l'ordre social* ! » Eh ! de quoi s'agissait-il ? de remplacer un Bourbon par un Bourbon, et de quelques hommes cupides par d'autres plus cupides !

Tel est encore aujourd'hui ce bel ordre social, pour la défense duquel *tout homme de bien doit s'élever*, s'il faut en croire M. H. D.

« *Dès cet instant, ils prêchèrent les vertus du peuple, ils affectèrent de se montrer dévoués à son sort.* »

Quand les Saint-Simoniens *prêchent les vertus du peuple et qu'ils se montrent dévoués à son sort*, ils remplissent le vœu de leur mission, de leur cœur, ils rendent hommage à la vérité. Monsieur H. D, étiez-vous dans les rues ou dans les caves de Paris, en juillet 1830 ? Si vous étiez dans les caves, nous n'avons plus rien à vous demander ; vous n'avez pu voir le peuple.

« *Et sous prétexte d'améliorer sa position sociale, ils lui firent un tableau mensonger de souffrances de malaise, qu'heureusement il ne connaissait pas* ».

Plus loin M. H. D. nous fera toucher au doigt ce tableau *mensonger des souffrances et des malheurs du peuple*.

L'auteur des *observations*, après nous avoir fait un exposé fidèle ou infidèle, vrai ou erroné des doctrines en masse, professées par les Saint-Simoniens, attaque en particulier l'un des apôtres de la *Foi Nouvelle*, Vidal, sur son écrit au peuple : nous allons voir comment il le réfute.

Notre profession n'étant point celle d'accusateur public, ni du premier, ni du second degré, nous ne suivrons pas les traces de notre adversaire, qui, soit par goût ou par état, n'a choisi dans l'écrit de Vidal, que quelques faits çà et là épars, afin de les rendre, par leur isolement, plus vulnérables à son accusation.

Nous allons reproduire tout au long, la brochure qui a pour titre, *Au peuple* et non point *appel au peuple*, comme il a plu à M. H. D. de l'appeler, et l'on jugera avec une plus juste appréciation, de quel côté est la vérité, la raison, et de quel côté est l'absence du sens commun.

Voici les paroles de Vidal :

AU PEUPLE.

—

PEUPLE,

« C'est TOI dont le bras infatigable laboure, plante, sème, moissonne ;

» C'est TOI qui bâtis les granges, les maisons, les palais et les temples ;

» C'est TOI dont la féconde industrie tisse » les habits somptueux et les brillantes parures;

» C'est TOI enfin PEUPLE, qui produis tout ;

» C'est aussi TOI, PEUPLE, qui ne jouis de rien !!! »

M. H. D. ne peut tenir à un pareil langage, aussi ne craint-il pas de soutenir *qu'il était facile de dire quelque chose de moins trivial, mais impossible de rien inventer de plus perfide et de plus faux.*

Si, d'après notre langue, le mot *trivial* signifie une expression commune, usée, rebattue, les lignes de M. Vidal, que nous venons de transcrire, ne sauraient être une *invention*. Invention signifie quelque chose de nouveau; et trivial signifie le contraire. Il y a dans ce début de M.H.D. un non sens.

Pour que ces premières paroles de M, Vidal, portassent un caratère de perfidie, il faudrait prouver qu'elles sont, 1°, de sa propre invention, et 2° qu'elles tendent un piége à la bonne foi du peuple, et pour cela faire, il ne suffit pas de se borner à dire avec un accent de déclamation, *que l'on affecte de cacher au peuple le juste dédommagement de sa peine et un salaire proportionné à ses labeurs.* S'il était vrai que chaque travailleur trouvât dans les travaux auxquels il est assujetti, un *juste dédommagement de sa peine,* un salaire proportionné à ses labeurs, loin de chercher, par tous les moyens possibles, à échapper au travail, en un mot, à sa position, il bénirait la providence aussi souvent qu'il la maudit, il en vierait moins le sort et la position des oisifs gorgés profusément de ce qu'ils prélèvent journellement sur sa mince ration.

Pour prouver que les raisonnemens de M. Vidal sont *des plus faux*, il nous représente le peuple comme *jouissant, de tous les droits dévolus à l'homme social, comme jouisssant, aussi bien que tous les autres citoyens, de la protection des lois.* M. H. D. n'a pas réfléchi, avant d'écrire cet article, que, pour avoir le droit de participer à l'acte le plus important du citoyen , nous voulons dire celui de concourir aux choix de la représentation nationale, il faut avoir, non de la capacité , non le sens commun, mais *le cens d'argent* , d'après nos *lois même* ; que pour obtenir justice, il faut avoir, non la conscience nette, mais la bourse pleine; que pour jouir du droit de la faveur, il faut, non être probe , mais être vil , rampant, audacieux, effronté. Quand le peuple sera tout cela, et qu'il aura de l'argent , nous serons de l'avis de notre adversaire.

Vidal continue :

« Le TRAVAIL et la MISÈRE,

» Voilà ta cruelle destinée ;

» Et ce n'est pas tout;

» Comme s'il ne suffisait pas que tu arro-

ses la terre de tes *sueurs* et de tes larmes,
il faut encore que tu l'inondes de ton sang.

» LA GUERRE ! LA GUERRE !

» PAUVRE PEUPLE ! »

Ce passage doit avoir l'avantage d'être au
goût de M. H. D. puisqu'il daigne le laisser
passer sans critique ni commentaire.

« C'est TON SANG qui ruisselle sur les
champs de bataille.

» On t'arrache au TRAVAIL , pour te
livrer à la MORT !

» Et *tes enfans* , qui en prend soin ? —
Personne.

» Ils sont laissés à ta charge.

» A ta charge ! PAUVRE PEUPLE ! mais
n'est-tu pas trop chargé » ?

Halte là, Monsieur le révolutionnaire , je
suis fatigué de vous entendre. Est-ce par ce
que je vous ai toleré un moment que vous
élevez si fort la voix ? ah ! c'en est trop !

« *En vérité , cette exagération de langage
ne dissimule pas assez la pensée de son auteur...* »

Pourquoi fallait-il que M. Vidal *dissi-
mulât davantage sa pensée* , lui qui n'y tâche pas du tout ? chacun son métier.

« *N'est-ce pas pour provoquer au désordre, que l'on sème dans la société des idées aussi dangereuses ; n'est-ce pas pour faire soulever le peuple contre tout ce qui existe, qu'on exagère son prétendu malaise et ses souffrances ; que l'on représente comme si malheureuse sa position sociale, et qu'on l'accable de charges qui n'existent que dans l'imagination de celui qui en parle ?* »

Si ces idées semées par la bouche des Saint-Simoniens étaient de force à provoquer *au désordre et au soulèvement du peuple, contre tout ce qui existe*, depuis long-temps, et chaque jour, ces prétendus désordres se manifesteraient dans la société, parce que ce n'est pas d'aujourdhui, et d'aujourd'hui seulement que des hommes (autres, à la vérité que ceux qui ressemblent à M. H. D.) ont signalé à haute voix, les causes du malaise qui ronge la société ; en un mot, les misères du peuple et sa dégradation. Vainement les bourreaux de la société, sous le nom de protecteurs de l'ordre social, se sont efforcés de comprimer et d'étouffer ces justes et nobles cris d'affranchissement ; la raison, le désintéressement et la vérité, l'ont emporté à la longue, et l'emporteront toujours sur le mensonge, l'égoïsme et la déception.

Vidal poursuit :

« Tu peux à peine, par un travail excessif, soutenir ta misérable existence ; il faut encore que tu nourrisses, que tu élèves ies enfans !

» Aussi quelle éducation reçoivent-ils » ?

Ces quatres lignes ne méritent pas l'attention de *l'homme de bien*, aussi n'ont-elles pas l'honneur de figurer dans *ses Observations.*

Continuons de copier Vidal :

« Obligés de gagner leur vie dès l'âge le plus tendre, ils se livrent à un travail abrutissant et ne peuvent parvenir à rien ».

« *Mensonge!* s'écrie avec véhémence le défenseur de *l'ordre social; car, la charte déclare tous les Français également admissibles aux emplois.* »

Quelle platitude !....

« Mais, dira-t-on peut-être, les enfans *appartiennent* à leurs parens; la société ne peut s'en *occuper:*

» Mensonge!

» Tendres mères, s'ils vous *apparlien-
nent*, pourquoi vient-on vous les *ravir* au jour
de la conscription ?

» Alors, mais alors seulement, la société *s'occupe* de vos enfans ;

» Oui, pour en faire des *machines à tuer,*
de la *chair à canon* » !

*Mais est-ce les enfans du peuple seulement
qui sont soumis à cette loi ?* nous demande
M. H. D., qui voit l'égalité partout, avec
la *loi* et la *charte* à la main :

« *Tous les citoyens, dès leur majorité,
quel que soient leur rang, leur naissance, ne
sont-ils pas obligés de payer leur tribut à la
patrie* » !

D'accord sur ce point ; mais avec quelle
monnaie paye celui qui a le rang, ou la naissance, ou la fortune ? — Avec de l'argent ou
des amis aux longues dents. Et le peuple,
qui n'a ni l'un ni l'autre ? Cependant, il faut
des citoyens Français pour combattre des
hommes qui ne sont pas Français, et quelques fois des Français même ; il faut des
hommes pour tuer d'autres hommes, et quelques fois des frères ; il faut des hommes qui

se font tuer à leur tour, ou qui, mutilés, vont mourir sur un fumier : eh bien ! ces hommes se trouvent parmi le peuple. Le peuple est robuste, fort et courageux, de plus il n'a rien à perdre.

M. H. D. Achève sa tirade.

« *Et combien d'autres encore, ne soffriraient-ils pas volontairement, si notre indépendance ou notre dignité nationale étaient menacées !* »

Loin de nous l'idée de vouloir contester à la France des hommes qui, de tout temps, l'ont honorée par leur héroïque dévonement. La France a enfanté dans tous les siècles, des hommes du plus grand mérite, dans les sciences et les arts; pourquoi n'aurait-elle pas donné le jour à des héros ? mais pourquoi aussi, sont-ils si mal récompensés par la patrie elle-même, qui leur doit en grande partie ce qu'elle est ? Voilà pourquoi les volontaires sont si rares, voilà pourquoi la conscription est devenue si indispensable.

Vidal continue :

« Et *tes vieillards* , PAUVRE PEUPLE ! que deviennent-ils ?

» Lorsque le poids des ans les courbe vers la terre et les approche du tombeau, le repos serait si nécessaire à leurs têtes blanches!

» Eh bien! non; ils ne se reposeront pas?

» Ils ont tant travaillé pourtant!

» N'importe; il faut encore qu'ils travaillent, et qu'ils meurent à la peine!!!

» PEUPLE! PEUPLE!

» Que tu es malheureux! que ton sort est à plaindre!

» Mais va, console-toi; prends patience.

» Espère en DIEU.

» Espère en NOUS.

» Cette terre, vallée de larmes, qui n'eut pour toi, jusqu'à ce jour, que des épines sanglantes, tu la *maudissais* comme une TERRE D'EXIL...;

» Mais bientôt, changée en un lieu de délices, elle n'aura plus pour toi que des fleurs aux couleurs riantes, des fruits aux parfums délicieux, et tu la *béniras* comme ta CÉLESTE PATRIE.

» Car *le* RÈGNE DE DIEU *arrive;*

» *Sa volonté va être faite sur la* TERRE *comme au* CIEL.

» PEUPLE , tu le vois, nous connaissons ton mal ;

» Mais en savons-nous le remède ?

» Oui , nous le savons ; écoute :

» L'ISOLEMENT dans lequel tu languis , voilà la cause de ton malheur.

» L'ASSOCIATION sera le remède à toutes tes souffrances »

La colère de M. H. D. veut bien faire grâce à ce long passage. — Doit-on lui en savoir gré ? — Nous en doutons.

Mais l'article que nous allons continuer de transcrire n'en échappera pas au même prix.

Le voici :

« *Jusqu'à ce jour* tu as gagné ta vie comme tu l'as pu , sans que personne vînt jamais s'informer si tu avais du travail et du pain. »

M. H. D. répond :

« *Qu'est donc devenue la charité chrétienne , où sont-elles ré éguées ces âmes pieuses dévouées à l'humanité ?* »

Nous n'en savons trop rien ; mais nous savons bien en revanche ce que deviennent les malheureux, et là où ils sont relégués,

Ils sont partout, et partout ils souffrent.

« *Mais pourquoi affecte-t-on d'ignorer que lorsqu'un malheureux est dans l'indigence tout le monde compatit à son sort, et que nulle mains bienfaisantes se disputent le plaisir de le secourir.*

Belle et louable manière de se donner du plaisir, que de prolonger la misère de son semblable, en lui donnant quelques res_tes de pain dur; à la vérité, ce plaisir est moins barbare que celui que l'on se donnait jadis, par les spectacles des gladiateurs à mort. Voilà du progrès.

« *Eh! au lieu de se livrer à des déclamations dangereuses, dans l'unique lut de soulever les masses,* continue M. H! D., *pourquoi ne cite-t-on pas des exemples pour prouver que la charité a failli vis a-vis d'un seul indigent? Cette tâche serait bien difficile,* ajoute l'écrivain charitable ».

Puisque la charité n'a jamais failli vis-avis d'un seul indigent, pourquoi les rues, les places publiques, sont-elles jonchées de ces malheureux, non compris un plus grand nombre encore, qui gisent douloureusement sur leurs grabats, dévorés de douleur, d'avilissement et de misère? -- A quoi servent vos prétendues charités chrétiennes ? — Nous allons vous le dire : à aggraver la misère, à apauvrir, à dégrader le misérable.

« *Quant à nous*, poursuit l'ami de la pauvreté, *quoique la main qui fait l'aumône nous cache d'ordinaire, le bienfaiteur et le bienfait, il nous serait encore fort aisé d'enregistrer ici, une foule de traits honorables pour l'humanité.* »

Nous n'ignorons point qu'il n'est pas de règle sans exception ; mais il est à remarquer aussi, que M. H. D. prend ici, comme en bien d'autres circonstances, l'exception pour la règle, et que Vidal prend la règle, et laisse l'exception. Voilà la cause de leur dissidence en certains endroits de leur controverse.

Revenons à l'écrit de Vidal :

« Ton voisin, s'il exerce la même profession que toi, est souvent ton plus grand ennemi ; il ne cherche point à te procurer de l'ouvrage, mais, au contraire, à t'enlever celui que tu peux avoir. »

Voici la répartie de son contradicteur :

« *Mais le voisin du peuple qui exerce la même profession que lui, est le peuple même, et ce peuple, si vertueux, selon l'écrivain, se métamorphose tout-à-coup, et devient le plus terrible ennemi de lui-même; il cherche à s'entredétruire! on dirait Saturne qui dévore ses propres enfans! mais qu'importe, la vérité, la vraisemblance même? Il fallait que le tableau fût chargé de couleurs sombres, et on a fait des maux du peuple une peinture toute d'imagination ».*

Quelle inaptitude! quelle détresse de conception! quelle fausseté de jugement! aussi n'insisterons-nous pas davantage à faire ressortir les nombreuses absurdités auxquelles s'est laissé aller l'auteur des *Observations*, sans avoir jamais rien observé, d'après sa brochure même.

Si jamais M. H. D. est assez heureux pour que la nature lui fasse son droit ; qu'elle le mette à même d'y voir plus clair, d'être plus impressionnable et plus judicieux , alors il rendra plus de justice à ce peuple qu'il accable de son dédain aujourd'hui, à ce peuple qu'il regarde comme étranger à son *étoffe*;

alors, il en parlera avec plus de vénération;
alors, disons-nous, il se repentira d'avoir con-
sidéré son malaise comme une nécessité, et
d'en avoir fait l'objet de ses dérisions.

« *Dans l'avenir*, poursuit Vidal, en par-
lant du peuple, tu ne seras plus abandonné
à toi-même, à ta faiblesse, à ta misère.

» Tu n'auras plus d'ennemis intéressés à
ta ruine, t'arrachant le travail des mains et
le pain de la bouche.

» Tous t'aimeront, tous seront tes soutiens
et tes protecteurs.

» Car tousles hommes se sentiront FRÈRES,
et tous seront associés en une seule famille.

» Or, dans cette FAMILLE UNIVERSELLE,

» L'ÉDUCATION sera donnée à TOUS in-
distinctement, au fils du plus pauvre,
comme au fils du plus riche.

» Car *tous* les enfans sont égaux *devant*
DIEU, *dans le* CIEL;

» Pourquoi ne le seraient-ils pas *devant*
» LES HOMMES, *sur la* TERRE?

» Ne sont-ils pas tous également nus et
faibles en naissant?

» Et si l'on donne à tous, des langes pour

les couvrir, le sein d'une femme pour les allaiter, pourquoi refuserait-on au plus grand nombre l'éducation qui peut seule développer leurs facultés ?

» N'est-il pas dailleurs dans l'intérêt de la société de former des citoyens capables de la bien servir ?

» C'est ainsi que le laboureur sème pour récolter un jour.

» L'ÉDUCATION sera entièrement *gratuite*.

» Non-seulement les parens n'auront pas à payer les soins que l'on donnera à leurs enfans, mais encore ils seront déchargés de tous les frais de leur nourriture et de leur entretien.

» Rien de plus juste ; car s'ils n'avaient pas les moyens de nourrir et entretenir leurs enfans sans rien faire, faudrait-il que ceux-ci fussent privés de l'éducation à la quelle TOUS ont un droit égal ?

» L'ÉDUCATION sera divisée en deux parties, l'une *morale*, et l'autre *professionnelle*.

» L'ÉDUCATION MORALE sera la première et la plus importante.

» Elle aura pour objet d'initier les enfans

au sentiment de la *fraternité universelle*, d'inculquer dans chacun d'eux l'amour de tous les hommes, *enfans égaux* d'un *seul* DIEU; en un mot, de former leurs jeunes cœurs à la vertu, en leur inspirant des sympathies douces et religieuses.

» L'ÉDUCATION PROFESSIONNELLE viendra ensuite.

» Elle aura pour objet de développer les différentes facultés des enfans, et de leur enseigner à chacun suivant ses dispositions naturelles ;

» Soit un ART, comme la poésie, la musique, la peinture ou la sculpture ;

» Soit une *science*, comme les mathématiques, la physique, l'histoire naturelle ou la botanique ;

» Soit une *industrie*, comme la menuiserie, la serrurerie, l'agriculture ou le négoce.

» Ainsi l'éducation ne consistera plus seulement à enseigner aux enfans, la lecture, l'écriture et le calcul.

» Car, si tous les hommes ne savaient que cela, ils périraient bientôt et de froid et de faim.

» Mais tous les enfans apprendront des états, chacun selon son goût, selon *sa vocation* qui vient de DIEU, et non selon *le hasard de la naissance*, selon la condition de son père.

» Pourquoi le fils d'un simple ouvrier, s'il a des talens, ne deviendrait-il pas ingénieur, médecin ou magistrat ?

» LA FONCTION sera donnée à *chacun* suivant SA CAPACITÉ,

» On le sent, rien de plus *juste* rien de plus *utile*.

» La société fournira à *chacun* l'instrument de son travail ;

» A l'un une terre ; à l'autre un atelier ; à celui-ci une boutique ; à celui-là une bibliothèque.

» LA SOCIÉTÉ sera organisée comme une ARMÉE.

» Mais au lieu que les armées d'aujourd'hui sont *guerrières*, et ont pour but la *destruction*, les armées de l'avenir seront *pacifiques*, et n'auront d'autre but que la *production*.

» L'ouvrier sera comme le soldat, mais

beaucoup mieux que le soldat, logé, vêtu, nourri, etc.

» Il pourra s'élever et monter en grade; d'ouvrier devenir chef, comme le soldat, devient caporal, sergent, etc.

» Il n'aura jamais à craindre que le travail lui manque, car la société qui l'adopte se charge de lui en fournir.

» Ainsi plus de MENDICITÉ, plus d'hommes réduits par le manque d'ouvrage, à tendre aux passans une main suppliante.

» Plus d'AUMÔNE; elle avilit l'homme, elle engendre la fainéantise et toute sorte de vices, et ne guérit pas la misère du pauvre.

» Il y aura du travail pour *tous*, et ce travail sera payé *convenablement*, bien mieux qu'il ne l'a jamais été.

» Car, dans cette ORGANISATION DE L'INDUSTRIE, il n'y aura plus de *concurrence*.

» La CONCURRENCE est la RUINE des *travailleurs*.

» C'est elle qui fait baisser le prix de l'ouvrage, et par conséquent, le salaire de l'ouvrier. »

Jusques ici, depuis notre dernier départ,

rien n'a déplu à M. H. D.; rien ne lui a semblé, dans cette longue tirade, *subversif* ou *provocateur*. Que n'avez-vous toujours parlé ainsi, mon cher Vidal, vous ne vous courberiez pas en ce moment sous la plume de votre réfutateur; vous ne gémiriez pas non plus sous les verroux de la police: vous jouiriez, *peut-être*, des *libertés garanties par la Charte dans toute leur plénitude* !

M. Vidal va encore parler pour un moment, et peut-être pour son malheur.

« Alors les *machines*, qui, aujourd'hui coupent les bras des ouvriers, au profit de quelques fabricants, seront employées très avantageusement au profit de tous les associés ».

C'est ce que n'entend pas notre docteur en économie politique. Il ne trouve dans ces paroles, pleines de vérité dailleurs, *qu'une excitation au désordre, au renouvellement enfin, des événemens déplorables de la seconde capitale de France.*

Si toutefois, les derniers événemens de Lyon devaient être imputés à de vérités semblables à celles que M. H. D. reproche aujourd'hui M. Vidal (ce qu'il n'a garde de prouver) raison de plus, dans tous les cas, pour ne pas laisser fomenter petit à petit par un hypocrite et lâche silence, un germe de trouble qui va droit au cœnr du plus grand nombre; raison de plus, pour faire retentir aux oreilles de la société en général, les causes qui pourraient, d'un jour à l'autre, par un coupable *laissez faire*, amener le retour des plus funestes désastres, afin que le pouvoir, dans sa *léthargique* sagesse, se hâte de faire quelque chose de plus qu'il n'a fait jusqu'ici pour ce pauvre peuple *souverain*, qui ne demande, hélas! dans sa *souveraineté*, que du travail et du pain.

Et que serions-nous, peut-être, vous, Monsieur H. D. et tant d'autres, si avant nous, et bien avant nous, des hommes *hardis*, mais *passionnés* pour le bien général de l'humadité; des hommes à larges vues, mais désintéressés, n'avaient, au mépris des criailleries qui leur venaient d'en *bas*, et des persécutions qui leur venaient d'en *haut*, élevé leurs puissantes voix contre les épou-

vantables abus de l'antique aristocratie ? —
Nous traînerions encore la CHAINE; et tel,
qui de nos jours se permet de l'arrogance, et
de la fatuité ne serait probablement, qu'un
malheureux vassal, qu'un méprisable vilain.

Mais la haine de M. H.D. est si chaude-
ment avide de vengeance, que, non content d'avoir, dans sa revue, *invectivé* en
détail les divers chefs qui lui ont paru plus
incriminables; sans égard pour la dignité
de Français, il oublie que cet homme, qu'il
frappe, se trouve sous le poids d'une accusation, faite à plaisir, et de plus, entre
les mains de *notre justice*; c'est-à-dire en
prison.

C'est alors, disons-nous, qu'il se déchaîne
de plus fort contre Vidal et de prétendus
griefs, et l'accable enfin, mais heureusement de son impuissante *virulence*.

Voici en quel style :

« *Le sieur Vidal ne s'arrête pas encore
là; il ne fût pas arrivé à son but, s'il fût
resté en aussi bon chemin. Ce n'est pas sans
intention qu'il se ment à lui-même, qu'il en
impose à ses propres convictions, en fesant*

des misères du peuple un tableau infidèle et mensonger, ce n'est pas sans motif qu'il lui prêche qu'il est écrasé sous le poids des charges nombreuses que la société fait peser sur lui; qu'il ne jouit de rien, qu'il ne peut parvenir à rien. Ce n'est pas sans portée dans l'esprit non plus, qu'il représente au peuple le travail languissant dans l'indigence et l'opprobre, pendant que l'oisiveté se redresse dans l'opulence et l'orgueil; qu'il lui montre les travailleurs et les oisifs se frappant d'une haine réciproque..... Toutes ces déclamations ne sont que des ornemens de style, de précautions oratoires, au moyen desquels on prepare le peuple pour ramasser en lui le plus de haine possible contre les riches, le plus d'acharnement contre la propriété, véritable point de mire des attaques réitérées des sectaires de Saint-Simon »

Ce passage n'étant qu'une récapitulation presque exacte de tout ce qui avait été dit jusques là par M. H. D., et à quoi nous croyons avoir répondu, nous nous abstiendrons de toute réponse et de toute réflexion à ce sujet.

M. Vidal continue à prouver l'influence des machines, dans le cas d'association.

« Les machines au lieu d'appartenir à quelques individus, elles appartiendront à la société.

» Et tandis que, d'une part, elles serviront à fabriquer une plus grande masse de prodruits,

» Elles faciliteront ainsi le travail et augmenteront la richesse.

» LA RÉTRIBUTION sera donnée à *chacun*, suivant SES OEUVRES.

» On ne verra plus le *travail* languissant dans *l'indigence* et *l'opprobre*, pendant que *l'oisiveté* se redresse dans *l'opulence* et *l'orgueil*.

» Et surtout l'on ne verra plus des *travailleurs* et des *oisifs* se frappant d'une HAINE réciproque.

» Tous les hommes vivront en *frères* dans la *grande famille*.

» TOUS TRAVAILLERONT,

» Non par *force*, mais par *vertu* et même par *plaisir*;

» *Par vertu*, car dès léur plus tendre enfance, ils auront appris que tous les hommes sont égaux, et que le travail est la *commune loi*;

» *Par plaisir*, car le travail sera devenu extrêmement facile et agréable.

» Personne ne viendra dire : *Je ne travaille pas, je suis riche, je vis de mes rentes.*

» Car, *vivre de ses rentes*, C'EST VIVRE DES SUEURS DU PEUPLE ».

Tout eût été fini là avec M. H. D. si cette nouvelle maxime ne fût venue rallumer sa colère mal éteinte.

Écoutons comment il l'assouvit :

» *jamais l'ordre social ne fut attaqué avec autant de violence ; jamais doctrines aussi hardies ne furent imprimées , commentées publiquement; jamais les ennemis de notre organisation sociale ne se sont élevés avec autant de force contre ce qui existe depuis des siècles ».*

On dirait que M. H. D. appréhende la la démolition de son gothique château.

« *Amis de la Société* (dit-il en finissant), *levez-vous tous comme un seul homme, pour défendre des droits imprescriptibles et sacrés ; éclairez le peuple sur ses devoirs ; appliquez-vous sincèrement à améliorer son sort ; prouvez-lui surtout par des soins encore plus empressés, que la calomnie n'altérera jamais vos sentimens pour lui. Vous aurez bien mérité de vous même ; vous aurez bien mérité de l'humanité ».*

Nous nous plaisons à considérer c'et appel de M. H. D. aux amis de la société, comme un louable retour sur lui même ; et s'il n'eût pas différé aussi long-temps à convenir que la position du peuple avait besoin d'être *améliorée*, et qu'l fallait *l'éclairer* d'avantage, nous n'aurions pas demeuré jusqu'ici à nous serrer la main. Quoiqu'il en soit, nous nous estimons heureux d'avoir fini ainsi : et nous verrions avec non moins de bonheur que M. Barthe, daignât par un sentiment de reconnaissance, *racourcir* l'éspace qui sépare *Monseigneur* le ministre de la justice, de M. H. D. substitut, si on nous a dit vrai. Alors M. le garde des sceaux, mais alors seulement, *aurait bien mérité de lui même, aurait bien mérité de l'humanité.*

Achevons de copier Vidal.

» Plus d'OISIVETÉ ! On la méprisera dans l'avenir comme aujourd'hui les soldats méprisent la LACHETÉ.

» *L'oisiveté est la mère de tous les vices.*

» Pour avoir le droit de ne rien faire, de se reposer, il faut avoir déjà travaillé.

» La RETRAITE est assurée à TOUS les TRAVAILLEURS ;

» Retraite honorable, pleine de douceurs et de charmes, où le vieillard trouvera enfin la digne récompense des longues fatigues de sa vie.

» La vieillesse ne sera point, comme aujourd'hui, condamnée au travail où à la mendicité, ou bien réléguée, avec un avare mépris, dans une *maison de charité.*

» Mais le vieillard, entouré d'une famille qui l'aime sincérement, et qui n'attend point sa mort avec une sordide impatience, pourra s'endormir doucement dans le sein de son DIEU ;

» Et l'immense bonheur qui est assuré à ses enfans, sourira à ses yeux demi éteints, comme la plus brillante consolation.

» Peuple, voilà le sort que nous voulons te faire;

» Juge maintenant si nous sommes tes amis.

» Mais comment parviendrons-nous à réaliser cette ère de bonheur que nous te prophétisons?

» Déjà je te vois brandissant un fer aigu ou saisissant un lourd pavé pour terrasser tes ennemis.

» Arrête-toi.

» Ce n'est point par la *guerre*, mais par la *paix* seule que nous obtiendrons pour toi cette nouvelle LIBERTÉ. »

On ne peut s'empêcher de remarquer que ces Messieurs, par aucun de leurs actes, n'ont jamais démenti, depuis qu'ils fon partie de la famille nouvelle, leur langage d'ordre, de paix et de pacification, bien qu'ils soient constamment en bûte aux calom. nies des uns et aux indignes persécutions des autres.

« Jusqu'à ce jour, PAUVRE PEUPLE; tu as été le jouet des partis qui te poussaient sur les places publiques ou sur les champs de bataille, à l'émeute ou à la guerre.

» Dis-le moi, que t'en revenait-il ?

» Tu abandonnais au désespoir et à la misère tes femmes, tes enfans, tes mères, tes vieillards.

» Tu triomphais par ton courage héroïque, car tu voulais *vaincre* ou *mourir*.

» Mais d'autres n'arrivaient-ils pas aussitôt, qui t'escamotait la victoire ?

» Car ils craignaient ou faignaient de craindre que ton ardeur généreuse ne se changeât en fureur de pillage.

» Et tout couvert de blessures sanglantes, tes membres mutilés, l'on te chassait indignement, plus misérable que jamais, au fond de tes réduits obscurs ;

» Ou bien, par une pitié ironique et cruelle, on t'accordait la faveur *d'une place à l'hôpital.*

» PAUVRE PEUBLE ! comme on te jouait !

» C'est pourquoi nous qui sommes vos vrais amis, nous qui, connaissons ton mal et qui en savons le remède,

» Nous ne te disons pas : VA TE BATTRE.
» Mais nous te disons : TRAVAILLE.

» PLUS D'ÉMEUTES! PLUS DE GUER-RE!

» PLUS DE SANG!

» LA PAIX! LA PAIX! VIVE LA PAIX!!!

VIDAL,

Apôtre compagnon de la FEMME.

Voilà la brochure de M. Vidal que nous avons copié tout au long pour éviter les méprises et faux jugemens que l'on aurait pu faire sur son compte, surtout les lecteurs qui n'aurait vu que la brochure de M. H. D. par elle ou n'aurait appris autre chose, sinon que l'écrit de M. Vidal avait été gratifié par son *observateur*, du titre de *provocateur au désordre*, *de subversif de toutes les lois*, etc., etc., Nous ne voulons pas nous faire juge dans cette cause: nous n'avons pas l'honneur d'avoir étudié le *droit.* Mais était-ce à M. H. D., quelles que soient sa caste et sa couleur, à lui, accusateur public, sous le titre d'*homme de bien*, de reproduire et distribuer avec profusion, une brochure qui, d'après lui et les siens, n'aurait d'autre but que d'appeler la *des-*

truction et le renversment dans le monde social? il eut pu, ce nous semble, croire son *devoir* assez rempli, et sa *conscience* et son *honneur* passablement satisfaits par le ridicule réquisitoire qu'il avait déjà lancé contre M. Vidal. Et au lieu de donner de la publicité à une brochure déjà incriminée par lui-même, et par lui-même dénaturée à plaisir par le choix de quelques passages disposés et présentés au gré de son caprice, il eût été plus sage, disons-nous, et surtout plus conséquent, de la laisser dans l'oubli où elle était peut être déjà, si telle était sa destinée. Dans ce cas M. H. D. eut mieux approché le rôle d'*homme de bien*, qu'il ambitionne autant qu'il le méconnaît; dans ce cas, il ne se fut pas rendu le complice d'un Saint-Simonien, en propageant une partie de ses idées incendiaires. Toutefois, soyons juste, quoique nous n'en ayons ni le droit, ni le titre; disons que M. H. D. abhorre quelquefois M. Vidal, que même, il le mord à belles dents quand il le peut.

Nous ne dirons pas que M. Vidal, par son carrctère de Saint-Simonien, est abso-

lument inoffensif ; nous ne dirons pas que
parce qu'il est Saint-Simonien, M. H. D.
le tient sous les clefs de la geole qu'il ali-
mente chaque jour par ses nombreux ré-
quisitoires , parce que ce serait faire une
trop plate allusion à l'une des fables du célèbre Lafontaine.

Louis Molinié.

Vidal,

APÔTRE,

COMPAGNON DE LA FEMME,

En Prison.

« Il faut nous tenir prêts pour un événement im-
« mense dans l'ordre divin, vers lequel nous mar-
« chons avec une vitesse accélérée qui doit frapper
« tous les observateurs. Il n'y a plus de religion sur
« la terre : le genre humain ne peut demeurer dans
« cet état. Des oracles redoutables annoncent d'ail-
« leurs que *les temps sont arrivés.* »

DE MAISTRE, *Soirées de Saint-Pétersbourg.*
1821.

Ve BORY, IMPRIMEUR-LIBRAIRE.

1833.

Vidal,

APÔTRE,

COMPAGNON DE LA FEMME,

> « Il faut nous tenir prêts pour un événement im-
> « mense dans l'ordre divin, vers lequel nous mar-
> « chons avec une vitesse accélérée qui doit frapper
> « tous les observateurs. Il n'y a plus de religion sur
> « la terre : le genre humain ne peut demeurer dans
> « cet état. Des oracles redoutables annoncent d'ail-
> « leurs que *les temps sont arrivés.* »
>
> DE MAISTRE, *Soirées de Saint-Pétersbourg.*
> 1821.

Au nom de DIEU, *tendre* MÈRE et *bon* PÈRE de *toutes* et de *tous*, écoutez cette parole, car elle est vraie.

LE JOUR EST PROCHE D'UN MÉMORABLE JUGEMENT.

HOMMES et FEMMES préparez-vous.

Le règne de l'*Homme seul* touche à sa fin; c'était celui de la GUERRE, de l'EXPLOITATION, de la HAINE.

Voici venir le règne de l'homme et de la femme, et c'est celui de la PAIX, de l'ASSOCIATION, de l'AMOUR.

C'est le RÈGNE de DIEU tant promis à la terre.

Salut à l'HOMME ! espoir en la FEMME, qui ont mission d'engendrer l'humanité à la vie de l'avenir !

IL est venu ; ELLE viendra.

Gloire à DIEU !

LE Monde nous persécute, car il ne nous connaît pas encore, mais il nous connaîtra bientôt.

Nous lui pardonnons de bon cœur, et nous prions nos amis de lui pardonner également.

Quand il nous connaîtra, nous, ses meilleurs amis, quand il saura que pour son bonheur nous avons tout sacrifié, fortune, considération, et jusqu'aux sentimens les plus doux de la nature, oh ! comme il nous aimera !

NOTRE vie est au monde ; nous la lui donnons, qu'il la prenne.

Notre vie est une vie de courage et de patience, de raison et de franchise, de justice et de bonté ; nous la lui livrons ; qu'il s'en empare.

Il s'en emparera, soit que, superstitieux et fanatique, il nous poursuive de ses huées et

nous accable de ses pierres ; soit que, raison-
neur et sceptique, il nous lance ses argumens et
nous couvre de ses risées ; soit enfin, qu'injuste
et immoral, il calomnie notre dévouement et
nous jette dans ses prisons.

Oui, de quelque manière qu'il se mette en
rapport avec nous, Gloire à Dieu ! car il prend
notre vie.

En nous frappant, il nous touche ; en discu-
tant contre nous, il nous écoute ; en nous jetant
sa haine, il reçoit notre amour.

Le Monde est malade, et nous sommes ses
médecins.

Et c'est pourquoi il est bon qu'il se manifeste
à nous dans ses douleurs et dans ses plaies.
Mieux nous connaîtrons son mal, plus il nous
sera facile d'appliquer le remède.

En ressentant sa brutalité, en voyant son
aveuglement, en souffrant de ses antipathies,

Nous puisons dans le sein de l'immense bonté
une douceur plus patiente, des lumières plus
vives, un amour plus puissant et plus religieux ;

Afin de modérer la fièvre de sa fureur, d'il-
luminer les ténèbres de son ignorance et d'em-
braser son cœur, que la haine dévore, du feu
divin de l'éternel amour.

Vienne donc la persécution ! Elle affermit
notre dévouement, gonfle d'orgueil notre poi-
trine et nous inonde de joie ;

Car nous savons que jamais vérité salutaire
ne triompha dans le Monde sans passer par de
longues et cruelles épreuves.

Et nous espérons qu'à ces malédictions passagères succèderont un jour des concerts de bénédictions.

De quoi ne viennent pas à bout la *Foi*, *l'Espérance* et l'AMOUR ?

Un homme, ah ! qu'il s'initie à mon jeune courage ; qu'il ouvre vite les yeux à la lumière que je lui montre, et son cœur aux généreux sentimens que je lui voudrais inspirer ; un homme (son nom se cache sous des initiales) profite pour m'attaquer de ce qu'il ne m'est pas permis de me défendre.......... Cela n'est pas bien........ Cela m'a fait de la peine........

Dès que j'en eus connaissance, j'adressai la lettre suivante à M. le substitut, faisant les fonctions de Procureur du Roi.

Monsieur le Procureur du Roi,

On vient de me remettre un écrit intitulé :

OBSERVATIONS

Sur l'appel au peuple du sieur Vidal,
Se disant apôtre Saint-Simonien,
Compagnon de la Femme.

Je ne puis y répondre sans citer des phrases omises, sans rétablir des textes tronqués avec une intention que l'on pourrait croire déloyale.

Je viens vous demander jusqu'à quel point je puis me permettre de donner des extraits d'une

5

feuille qui , en m'exposant à toutes les rigueurs
de l'autorité, m'attire encore, de la part d'un
homme qui a craint de se faire connaître , le
reproche injurieux *de me mentir à moi-même et*
d'en imposer à mes propres convictions !....

Si vous avez la bonté de donner une réponse
à cette lettre je vous serai reconnaissant.

J'ai l'honneur de vous saluer, Monsieur le
Procureur du Roi , avec les sentimens d'un
apôtre.

VIDAL , Apôtre ,
Compagnon de la Femme.

Prison de Beziers , 10 juillet 1833.

Cette lettre est demeurée sans réponse; dois-
je m'en étonner? la rumeur publique accuse le
magistrat à qui je demandais conseil, d'être l'auteur de l'écrit anonyme publié contre moi.

Sous quelque nom que se présentent les enne-
mis de la société , l'homme de bien doit toujours
être disposé à les combattre.

Avez-vous bien compris, Monsieur H. D. , la
portée de ces paroles ?

Quoi ! telle est l'épigraphe que vous choisis-
sez pour réfuter une adresse au PEUPLE (je dis
adresse et non *appel*; vous n'avez pas senti la
différence) qui se terminait par ces mots :

« C'est pourquoi nous qui sommes tes vrais
« amis,

« Nous qui connaissons ton mal et qui en sa-
« vons le remède, nous ne te disons pas : VA TE
« BATTRE ;

« Mais nous te disons : TRAVAILLE.

« PLUS D'ÉMEUTES! PLUS DE GUERRES!

« PLUS DE SANG !

« LA PAIX ! LA PAIX ! VIVE LA PAIX ! »

Et c'est nous que dès l'abord vous signalez à l'opinion publique comme *des ennemis de la société ! C'est nous que l'homme de bien doit toujours être disposé à combattre !*

Maintenant je vous le demande, qui sont ceux qui poussent au combat, qui excitent à la guerre?

Comment des magistrats osent-ils répandre parmi le peuple des écrits de cette nature? Comment ensuite viendront-ils prêcher la tolérance à des masses fanatiques? Comment nous protégeront-ils de la fureur de ceux qui en veulent à nos jours; de ceux qui, à Montpellier, m'assaillirent pendant trois mois de leurs pierres et de leurs cris de mort ; de ceux qui , à Tarascon et à Marseille , fendirent la tête à deux de mes camarades ; de ceux qui , à Mende, poursuivirent pendant deux lieues , à coups de fourches et à coups de fusils , douze de mes frères qui traversaient paisiblement cette ville?

Comment, Monsieur , ferez-vous entendre à tous ces hommes qu'ils ne sont pas des hommes de bien? Ils nous combattent à leur manière, et vous à la vôtre. Et la vôtre est perfide......

Excusez mon indignation ; je n'ai contre vous aucun fiel; je vous pardonne, je vous aime ; je vous aime d'autant plus que vous avez plus besoin de mon amour.

Et c'est pourquoi à l'épigraphe que vous a fournie J. J. j'opposerai des paroles pacifiques, dignes d'un homme bon et religieux, et qui conviennent aux apôtres de la nouvelle foi :

IL N'ENTRE POINT DANS NOS HABITUDES DE FAIRE DES RÉCRIMINATIONS CONTRE PERSONNE (*A. Rousseau, croyant à l'égalité de l'Homme et de la Femme.*)

Nous voulons *tout renverser*, dites-vous, *tout détruire dans le monde social, sans respect pour ce qu'il y a de plus sacré : la morale et la propriété.*

Rassurez-vous, Monsieur, nous ne voulons rien renverser, rien détruire ;

Mais nous venons, suivant la mission que Dieu nous a donnée, montrer comment tout se transforme et tout se régénère, soit par nous qui avons conscience de l'œuvre que nous accomplissons, soit par vous-même et par d'autres dont les passions individuelles viennent encore par instinct pousser le char du progrès.

Vous le voyez vous-même, vous le sentez comme moi ; *la vieille société se dissout et se meurt.*

S'il fallait quelque preuve à l'appui de cette vérité, je n'en voudrais pas d'autre que vos efforts à retenir dans sa chute l'édifice qui croule, votre zèle à empêcher que personne n'y touche.

Pour démolir des ruines, pour renverser ce qui tombe, il ne vaudrait pas la peine vraiment de faire tant de bruit.

Pour une œuvre aussi mesquine, vous auriez raison d'accuser de folie notre inconcevable dévouement.

Si donc quelquefois nous parlons de ce vieux monde où les partis se battent, où les individus se déchirent,

C'est pour le comparer au monde de l'avenir que, sur un plan nouveau et sur des bases nouvelles, nous avons mission de prophétiser, et puissance d'édifier,

Et c'est aussi pour appeler *toutes* et *tous* à nous aider dans l'œuvre gigantesque de sa divine création.

Sans *respect pour ce qu'il y a de plus sacré : la morale et la propriété.*

Mais de grace, qu'est-ce donc que cette morale que l'on nous vante tant ?

Et cette propriété, véritable arche sainte à laquelle vous craignez qu'on ne porte la main ?

Monsieur, écoutez-moi.

Je suis en prison, ayant d'un côté une femme accusée d'avoir tué son enfant pour sauver *cette morale*, et de l'autre un homme accusé d'avoir assassiné deux hommes pour défendre *cette propriété*.

Est-ce d'une telle morale et d'une telle propriété, que vous voudriez, vous aussi, vous constituer le défenseur? D'une morale et d'une propriété qui ne pourrait être conservée qu'à ce prix ?

Ah ! non sans doute, je ne saurais le croire ; et d'ailleurs je trouve dans votre écrit lui-même, que dis-je ? dans le commencement de votre phrase une preuve du contraire.

Quand vous dites :

« *Après cette rupture, fondée sur une dissi-*
« *dence de principes, restèrent d'un côté les par-*
« *tisans de Saint-Simon*, amis de l'ordre et de
« la morale publique ; *de l'autre, ceux qui vou-*
« *laient tout renverser, tout détruire, etc.* »

Vous n'ignorez pas, sans doute, que ces partisans de Saint-Simon dont vous parlez furent les premiers à faire la critique de la morale et de l'ordre actuels, et que la question qui parut nous séparer était une question de réédification et non de démolition.

Il ne s'agissait pas entre nous d'attaquer et de défendre le vieil édifice social, mais de savoir sur quel plan serait élevé l'édifice nouveau.

ENFANTIN *seul*, LE PÈRE, avait une conception ; il la proclama, en annonçant qu'elle serait d'abord *incomprise*, n'étant la conception que de l'HOMME *seul* et non de l'HOMME et de la FEMME.

C'est ce qui arriva, et plusieurs se retirèrent en protestant.

C'est-à-dire qu'ils abandonnèrent une œuvre à laquelle ils n'étaient pas appelés, et qu'ils ne comprenaient plus, pour aller séparément se livrer à des œuvres qu'ils comprenaient, et auxquelles ils se sentaient appelés.

Et ils firent bien.

Car en protestant contre nous ils apprirent, au monde à protester comme eux, et dès-lors un grand progrès fut accompli.

Le Monde, pour nous combattre, se fit *quasi-Saint-Simonien*.

C'est ce qui vous arrive à vous-même, Monsieur, dans les attaques que vous dirigez contre moi;

Comme il est facile d'en juger par votre phrase ci-dessus et par l'ensemble de vos observations.

Le reproche que vous nous adressez de vouloir tout renverser, tout détruire, s'appliquerait donc bien mieux à ces partisans de Saint-Simon qui se bornèrent à critiquer ce qui existe sans savoir ce qu'il fallait mettre à sa place.

Et si vous avez appelé ces hommes *amis de l'ordre et de la morale publique*, c'est parce que vous avez compris qu'ils voulaient en effet un ordre et une morale publique, quoiqu'ils ne voulussent plus de l'ordre ancien et de la morale ancienne.

Et c'est aussi parcequ'avec eux et avec nous sans doute vous voulez un ordre nouveau et une morale nouvelle.

Mais quel est cet ordre nouveau, cette morale nouvelle que nous annonçons et que nous voulons fonder?

Telle est, Monsieur, à votre insçu peut-être,

la question que vous vous faites, et cette question part d'un homme éminemment progressif
et raisonnable.

Jamais l'humanité, disait Saint-Simon, ne li-
vrera sa vieille masure à détruire sans connaître,
l'édifice nouveau qui lui est préparé.

Cependant, au lieu de chercher la réponse à
cette question dans de vagues rumeurs, inven-
tées par l'ignorance et la méchanceté, n'auriez-
vous pas fait plus sagement de consulter des
hommes éclairés et entendus sur ces matières,
ou de lire des ouvrages qu'un homme de votre
qualité pourrait bien avoir à sa disposition.

Vous n'eussiez point répété contre nous, bien
innocemment j'en suis sûr, des calomnies usées,
et que réfutent aisément les personnes qui nous
ont vus et entendus une fois.

Vous dites : « Ainsi, après avoir détruit le
« foyer domestique, ils flétrirent la société con-
« jugale ; après avoir cherché à changer l'ordre
« des successions, ils prêchèrent la communauté
« de tous les biens ; après avoir prêché l'égalité
« devant Dieu, ils prêchèrent, enfin, l'égalité
« entre tous les hommes.

« Ces doctrines anarchiques, subversives de
« toutes les lois, etc. »

Quant à la dernière inculpation, celle d'avoir
prêché *l'égalité entre tous les hommes*, je ne la
repousse point ; elle est vraie.

Même je pense qu'il a fallu, Monsieur, quelque distraction dans votre esprit pour que votre
plume ait pu tracer un reproche de cette nature.

L'égalité entre tous les hommes est une vérité si palpable, que l'on rougirait d'en contester l'évidence.

Tout ce que peut faire aujourd'hui l'égoïsme le plus étroit, c'est de chercher à éluder les conséquences du principe.

Et vous, Monsieur, vous qui sans doute connaissez le Droit Romain, n'y avez-vous pas vu souvent, écrit en toutes lettres, ces mots : *Omnes homines sunt æquales* : tous les hommes sont égaux ?

Mais, peut-être, par égalité entre tous les hommes, avez-vous entendu ce nivellement démocratique, destructif de toute société.

Et alors, Monsieur, vous auriez eu raison de nous en faire un reproche.

Mais heureusement que nous ne prêchâmes jamais une telle absurdité.

Nous qui avons pris pour programme :

A CHACUN LA FONCTION SUIVANT SA CAPACITÉ, ET LA RÉTRIBUTION SUIVANT SES OEUVRES;

Comment aurions-nous pu, sans une contradiction manifeste, prêcher un tel nivellement?

Au contraire, nous avons mille fois répété que l'inégalité entre les hommes est la condition vitale de toute société.

Mais quelle est donc cette égalité que nous prêchons ? Monsieur, écoutez-moi :

JÉSUS-CHRIST, dont la religion fut fondée sur

la mort, sur l'espoir d'une vie à venir, plaça cette égalité à la tombe ; car la tombe c'est le berceau d'une vie nouvelle.

Robespierre, ou du moins les hommes que son nom représente, voulurent établir une égalité, qui n'est pas dans la nature ; dans tout le cours de la vie, l'inégalité des hommes est évidente sous le triple aspect MORAL, *physique et intellectuel*.

SAINT-SIMON enfin, qui fonda sur la vie sa philosophie religieuse, plaça l'égalité au berceau. Et en cela il ne fesait qu'accomplir la prophétie de JÉSUS, qui avait prêché l'égalité du berceau, dans une vie future.

Et c'est ce que j'exprimais dans l'adresse au peuple quand j'ai dit :

« Tous les hommes se sentiront FRÈRES, et tous « seront associés en une seule famille.

« Or, dans cette FAMILLE UNIVERSELLE,

« L'EDUCATION sera donnée à TOUS indis-« tinctement, au fils du plus pauvre, comme au « fils du plus riche.

« Car *tous* les enfans sont égaux *devant* DIEU, « *dans le* CIEL ; pourquoi ne le seraient ils pas « *devant* LES HOMMES *sur la* TERRE?

« Ne sont ils pas tous également nus et faibles « en naissant? »

Mais comment se fait-il, Monsieur, que vous nous accusiez encore d'avoir prêché la communauté des biens?

N'avez-vous jamais lu cette lettre si connue, qu'adressèrent en 1830 au président de la chambre des députés , Bazard–Enfantin , les deux chefs de la doctrine Saint Simonienne.

En voici un extrait :

« Le système de la communauté des biens s'entend universellement du partage *égal* entre tous les membres de la société, soit du fonds lui même de la production , soit des fruits du travail de tous.

« Les Saint–Simoniens repoussent ce partage égal de la propriété, qui constituerait à leurs yeux une violence plus grande , une injustice plus révoltante que le partage inégal qui s'est effectué primitivement par la force des armes , par la conquête.

« Car ils croient à l'INÉGALITÉ *naturelle* des hommes , et regardent cette inégalité comme la base même de l'association, comme la condition indispensable de L'ORDRE social.

« Ils repoussent le système de la communauté des biens, car cette communauté serait une violation manifeste de la première de toutes les lois morales qu'ils ont reçu mission d'enseigner, et qui veut qu'à l'avenir *chacun soit placé selon sa capacité , et rétribué selon ses œuvres*.

« Mais, en vertu de cette loi , ils demandent l'abolition de tous les priviléges de la naissance *sans exception*, et par conséquent la destruction de l'HÉRITAGE, le plus grand de tous ces priviléges, celui qui les comprend tous aujourd'hüi, et dont l'effet est de laisser au *hasard* la répartition des avantages sociaux, parmi le petit nombre de ceux qui peuvent y prétendre, et de condamner la classe la plus nombreuse à la *dépravation*, à l'*ignorance*, à la *misère*.

« Ils demandent que tous les instrumens du travail, les terres et les capitaux qui forment aujourd'hui le fonds morcélé des propriétés particulières, soient réunis en un fonds social, et que ce fonds soit exploité par *association* et HIÉRARCHIQUEMENT, de manière à ce que la tâche de chacun soit l'expression de sa *capacité*, et sa richesse la mesure de ses *œuvres*.

« Les Saint-Simoniens ne viennent porter atteinte à la constitution de la propriété, qu'en tant qu'elle consacre, pour quelques-uns, le privilége impie de l'OISIVETÉ, c'est-à-dire celui de vivre du travail d'autrui; qu'en tant qu'elle abandonne *au hasard de la naissance* le classement social des individus. »

Mais cette réunion de toutes les propriétés particulières en un fonds social comment s'opèrera-t-elle?

Sans doute elle vous paraît un vain rêve, une folle utopie : et cependant, Monsieur, rien ne sera plus facile.

En effet, écoutez : il existe un grand livre de la *dette publique*.

Pourquoi n'ouvrirait-on pas également un grand livre de la *propriété publique*, sur lequel chaque propriétaire, librement et spontanément, pourrait inscrire sa propriété pour une rente annuelle de......, fixée selon la moyenne des fermages?

Dès-lors le propriétaire n'a plus à craindre les mauvaises récoltes ou les fermiers infidèles, et tous les six mois il va chez le percepteur recevoir la rente qui lui est due.

Et voilà le Gouvernement devenu sans aucune violence fermier général et véritable propriétaire d'une grande partie du sol, et pouvant faire par de longs travaux d'immenses améliorations.

Vous le voyez, le but est facile à atteindre. Que dis-je? Nous y marchons rapidement; et la nouvelle loi sur l'*expropriation forcée pour cause d'utilité publique*, et plusieurs autres travaux de la législation actuelle, ne sont que des pas de plus vers cet heureux résultat.

Vous dites : « Après avoir détruit le foyer do-mestique ils flétrirent la société conjugale. »

Détrompez-vous, Monsieur, jamais nous n'a-vons détruit ni prétendu détruire le foyer do-mestique; mais nous avons voulu lui donner une nouvelle vie et plus large et plus sainte :

En l'arrachant à cet isolement égoïste, également nuisible aux sociétés et aux individus;

Afin de l'associer harmonieusement au foyer de la patrie, au foyer de l'humanité.

Il est vrai que nous, *hommes*, ne voulant faire qu'une œuvre d'*homme* et ne pas empiéter sur celle de la *femme*, nous ne nous sommes occupés de ces questions que du point de vue *général*, laissant à la femme le soin de compléter toutes nos théories du point de vue *individuel*;

Et ce n'est, le PÈRE l'a dit, qu'après que la Femme, la MÈRE aura parlé, qu'il nous sera possible de commencer une pratique nouvelle.

L'HOMME, qui, dans la société conjugale, représente l'*esprit*, a pour mission de *généraliser*; la FEMME, qui représente la *chair*, a pour mission d'*individualiser*.

C'est ce qui vous explique pourquoi vous voyez l'Homme se dévouer à sa patrie, la Femme à son amant.

L'Homme sacrifie l'*individu* à la *société*, la *chair* à l'*esprit*.

Mais la Femme réclame les *droits* de l'*individu* contre la *société*, de la *chair* contre l'*esprit*.

Ainsi, dans la POLITIQUE, l'Homme c'est l'*autorité*; la Femme c'est la *liberté*;

Comme, dans la MORALE, l'Homme c'est l'*austérité*, la Femme c'est la *volupté*;

Comme dans la RELIGION l'Homme c'est le *dévouement*; la Femme c'est la *personnalité*.

Et si, jusqu'à ce jour, l'*autorité* ne fut que du *despotisme*, et la *liberté de l'anarchie*;

Comme l'*austérité* fut toujours du *rigorisme* et la *volupté* du *libertinage*;

Comme le *dévouement* fut toujours de l'*abnégation* et la *personnalité* de l'*égoïsme*.

En un mot $il n'y eut jamais ni véritable POLITIQUE, ni véritable MORALE, ni véritable RELIGION,

C'est que dans la CITÉ, dans la MAISON, dans le TEMPLE, partout, la *Femme* fut subalternisée à l'*Homme*.

Car la FEMME est l'égale de l'HOMME.

Et tant qu'elle sera son ESCLAVE ou sa *servante*, rien ne sera utile et beau, rien ne sera vrai et sage, rien ne sera bon et tendre.

Et c'est pourquoi nous affirmons qu'il n'y aura d'harmonie dans le monde entre les *légitimistes* et les *libéraux*, entre les *rigoristes* et les *libertins*, entre les hommes *d'abnégation* et les *égoïstes*,

Que par l'HOMME et la FEMME, associés par AMOUR et par ÉGALITÉ :

L'HOMME et la FEMME ; car en EUX DEUX seulement est la VIE ;

L'HOMME et la FEMME, seule LOI VIVANTE possible désormais.

Et c'est pourquoi encore nous appelons arriérés les hommes qui prétendent se reconstituer, eux, *hommes seuls*, en LOI VIVANTE.

Ils ne comprennent pas que la révolution de 89 et tout ce qui, depuis 50 ans, se passe sous nos yeux, s'accomplit dans un but providentiel :
Débarrasser le monde de la loi vivante de l'HOMME SEUL ;
Pour la remplacer provisoirement par le règne de la légalité, de la loi morte, du blanc et du noir, véritable suaire qui couvre aujourd'hui le monde,
En attendant la LOI VIVANTE de l'Homme et de la Femme.
Et c'est pourquoi enfin le PÈRE s'est démis à l'égard de ses fils de toute autorité jusqu'à la venue de la MÈRE.

Vous le voyez, Monsieur, au lieu de flétrir la société conjugale, nous proclamons au contraire qu'elle sera sanctifiée par une loi nouvelle, une loi juste et équitable, faite par l'HOMME et par la FEMME, par le premier FILS et la première FILLE de DIEU.

Et surtout nous avons voulu l'élever à des destinées plus hautes et plus belles, plus glorieuses et plus nobles, plus morales et plus religieuses.

Mais ce que nous avons flétri, c'est cette exploitation de la Femme par la *brutalité* de l'homme, exploitation contre laquelle réagit nécessairement la *ruse* de la Femme ;

C'est cette prostitution à vie, ce trafic déshonorant, dans lequel les époux, ne s'estimant pour rien eux-mêmes, se comptent réciproquement leurs écus dans un contrat de mariage ;

Et surtout cette prostitution du quart d'heure, ce marché dégoûtant et pitoyable, dans lequel la jeune fille du pauvre, jetée au pied d'une borne par son riche séducteur, se vend pour une obole aux caprices des passans.

Il ne s'agit donc pas plus dans nos doctrines de *communauté des femmes* que de *communauté des biens*.

Et si mon caractère d'Apôtre ne m'interdisait toute récrimination, je vous renverrais avec avantage les paroles que vous avez osé m'adresser :

Il était facile de dire quelque chose de moins trivial, mais impossible de rien inventer de plus perfide et de plus faux.

Mais non, mes paroles seront plus douces, et je vous dirai amicalement :

Une autrefois, Monsieur, étudiez nos doctrines avant de les critiquer ; voyez-nous avant de nous faire incarcérer, et ne nous prêtez pas des sentimens pervers si vous ne voulez pas mériter aux yeux du monde le reproche de calomniateur.

Et maintenant si je voulais, prenant phrase par phrase chacune de vos *observations*, les faire passer au creuset d'une réfutation sévère, démontrer que vos imputations sont injustes et fausses, et qu'en général vous n'avez pas compris la feuille que vous incriminiez,

Vous le sentez, ma tâche serait facile.

Rassurez-vous, je ne profiterai pas de la position que vous m'avez faite.

Je laisse au Monde le soin d'une critique, qui, j'en ai la certitude, se fait hors de ma prison d'une manière assez large.

Quant à moi je suis Apôtre ; je ne fais pas la guerre, pas même pour me défendre.

Et c'est pourquoi en même temps que je vous donne des leçons de moralité, je m'empresse de vous justifier devant le monde et de vous relever même à vos propres yeux.

Ainsi, je le déclare, je crois à votre bonne foi, et cela précisément parce que vous n'avez pas cru à la mienne.

Je m'explique ; vous m'avez supposé des intentions secrètes et perfides, et dès-lors vous

vous êtes fait un devoir de les démasquer et de les combattre.

Homme de lutte, je vous dirais : « C'est bien, « mais vous auriez dù mieux choisir votre temps : « attaquer un homme qui est dans les prisons, « sous la main de la justice, ce n'est pas géné- « reux. »

Apôtre de la paix, je vous dis : « Il eût mieux « valu tâcher de me convertir à des intentions « meilleures. »

Vous m'avez fourni l'occasion de donner aujourd'hui à *toutes* et à *tous* et à *vous* en particulier, Monsieur, un enseignement de ma foi; je l'ai saisie en rendant graces à Dieu.

Mais je ne me défends pas ; je n'ai pas à me défendre.

Je laisse donc dans votre écrit tout ce qui m'est personnel, et j'arrive à votre dernière phrase :

« *Amis de la société, levez-vous tous comme un « seul homme, pour défendre des droits impres- « criptibles et sacrés : éclairez le peuple sur ses « devoirs.....* »

Disons en passant que ces droits imprescriptibles et sacrés qu'il s'agit de défendre sont, dans votre pensée, relatifs aux propriétaires qui, eux sans doute n'ont que des droits, tandis que le peuple, lui, n'a rien que des devoirs.

Dans la pensée de Mirabeau, *les droits impres- criptibles et sacrés* c'étaient les droits du peuple.

Et ici nous pourrons faire une remarque importante :

Le Christianisme, religion de sacrifice, ne parlait aux hommes que de leurs devoirs et jamais de leurs droits. Il enseignait aux riches leurs devoirs envers les pauvres; aux pauvres, leurs devoirs envers les riches.

Et pour les contraindre réciproquement à l'observation de leurs devoirs, il leur montrait, pour quelques-uns, le paradis; pour le plus grand nombre, l'enfer.

C'était le règne de la TERREUR *pour contraindre au devoir*.

Et cela était bon alors.

La cruauté des maîtres et le désespoir des esclaves livraient le monde à une guerre effroyable : il s'agissait d'établir une espèce de trève.

Il fallait amortir le combat en écrasant presque les combattans; seul moyen d'amener les partis à s'entendre et à conclure un jour le traité définitif d'une paix véritable.

Tant que le clergé, fidèle à la mission que lui donna JÉSUS, s'efforça de faire triompher les droits sacrés du peuple, la trève subsista.

Mais quand, s'étant laissé corrompre par l'or et le pouvoir, il ne prêcha plus que les droits de la puissance et les devoirs du peuple, la trève fut rompue.

Et la révolution de 89 ne prêcha plus, par une réaction sanglante, que les droits imprescriptibles du peuple et les obligations du pouvoir.

Et ce fut le règne de la TERREUR *pour maintenir le droit*.

C'est ainsi qu'il n'y eut jamais une parfaite harmonie entre *le droit* et le *devoir*, parce qu'elle n'existait pas entre l'Homme et la Femme.

Mais l'humanité est PROGRESSIVE, et l'harmonie est toujours croissante entre l'Homme et la Femme, entre le droit et le devoir, entre l'autorité et la liberté.

Sous le règne de l'*Homme seul*, l'autorité c'est du despotisme et de la tyrannie ; la liberté de l'anarchie et de la rébellion.

Mais le règne est proche de l'homme et de la femme.

Et ce sera le règne de l'AMOUR.

Appliquez-vous sincèrement à améliorer son « *sort* (le sort du peuple), *et prouvez-lui sur-* « *tout par des soins encore plus empressés , que* « *la calomnie n'altérera jamais vos sentimens* « *pour lui.*

« *Vous aurez bien mérité de vous-mêmes : vous* « *aurez bien mérité de l'humanité.* »

Vous ne sauriez croire, Monsieur, le plaisir que j'éprouve à lire et relire ces paroles, manifestation éclatante de vos sympathies populaires.

Que vous disais-je? En voulant me combattre vous vous êtes fait quasi-Saint-Simonien.

C'est bien le plus grand succès que je pouvais attendre de la feuille que vous incriminez.

Oh ! oui, le PERE, il avait bien raison :

« J'ai dit, mais je parlais pour être entendu, « surtout par ceux qui, les premiers, devaient « entendre, par ceux qui ont puissance d'affran-

« chir et qui dominent, d'associer et qui divi-
« sent, de moraliser et qui perdent.

« J'ai dit : et ils se sont efforcés de ne pas m'é-
« couter ; mais ma parole est entrée malgré eux
« dans leurs oreilles, et s'échappe à leur insu de
« leur bouche.

« Je puis donc leur laisser aujourd'hui le soin
« de la répandre. »

Oui, vous la répandez bien la parole du
PÈRE.

Je vous en félicite, Monsieur, je vous en glo-
rifie.

Et vous, riches, vous ne l'aurez pas vainement
entendue cette grande parole, exprimée avec une
conviction profonde par un homme d'entre
vous : *Appliquez-vous sincèrement à améliorer
le sort du peuple.*

Et, ne le savez-vous pas? En améliorant le
sort du peuple, c'est aussi votre propre sort que
vous améliorez.

On vous appelle les heureux de la terre ; le
pauvre envie votre bonheur ; mais, franchement,
êtes-vous heureux ?

Non, vous aussi vous souffrez, vous souffrez,
car le peuple souffre, car vous êtes hommes, et
vous ne pouvez être indifférens à des souffrances
d'hommes.

En vain fermez-vous vos oreilles aux cris
plaintifs de l'infortune, ces cris arrivent à vos
cœurs et viennent troubler vos plaisirs.

Si quelques voix généreuses s'élèvent au milieu de vous pour réclamer les droits du peuple, vous sentez partout votre corps les frissons d'une fièvre dévorante.

Sans cesse vous avez devant les yeux la misère travailleuse rugissant contre l'opulence oisive.

Assis sur le volcan des révolutions, vous tremblez à toute heure qu'il n'éclate.

Car vous le savez, le Peuple !.... Il est terrible en sa colère.

C'est donc aussi votre bonheur à vous-mêmes, riches, que nous demandons.

Ah ! dites-le moi, si ces gémissemens aigus qui chaque jour vous percent l'ame faisaient enfin place à des chants d'allégresse ; si ces vociférations de la haine qui si souvent vous troublent étaient changés en des concerts d'amour, dites, quelle ne serait point votre félicité ?

Qu'il est doux le plaisir de faire des heureux !

Lorsque nous avons inscrit sur nos bannières ce programme nouveau :

TOUTES LES INSTITUTIONS SOCIALES DOIVENT AVOIR POUR BUT L'AMÉLIORATION PACIFIQUE DU SORT MORAL, PHYSIQUE ET INTELLECTUEL DE LA CLASSE LA PLUS NOMBREUSE ET LA PLUS PAUVRE.

Ce n'était point exclusivement à améliorer le sort du peuple que tendaient nos efforts.

Et d'ailleurs, sous le rapport matériel, nous avions continuellement en vue la solution de cet important problême :

Trouver les moyens d'enrichir le pauvre sans appauvrir le riche.

Toute notre économie politique est là.

Vous le voyez, riches, nous vous aimons. Et comment pourrions-nous ne pas vous aimer? N'êtes-vous pas nos frères?

Et nous, ne sommes-nous pas des hommes religieux? N'embrassons-nous pas TOUTES et TOUS dans la PASSION d'un immense AMOUR?

Pourquoi donc, quand j'ai fait le tableau, malheureusement trop vrai, des misères du peuple, au lieu de réfléchir aux sentimens qui m'animent, vous êtes-vous effrayés de mes paroles? Mais, je le dirai avec la franchise de l'apôtre nouveau, si malgré mes efforts à prêcher la patience et la paix, ma parole a jeté dans votre esprit une certaine terreur, c'est qu'en effet elle a été rude et sévère.

Car elle était la parole de l'Homme, et à la Femme seule il appartient de réclamer les droits du peuple.

La parole de la Femme est douce et gracieuse; on ne peut s'en effrayer; elle s'insinue dans les cœurs et amollit les plus durs.

Vienne donc, vienne la FEMME, qui, affranchissant son sexe de la servitude de l'homme, fera sentir à toutes ses sœurs la haute mission que le ciel leur confie!

Vienne la FEMME, cet ange de liberté, de

tendresse et d'amour, qui saura dire une parole également aimable aux riches et aux pauvres!

Quant à moi, quel que soit pour moi-même le résultat de mes paroles d'*Homme*, je suis content, si , après avoir provoqué, de la part d'un homme riche, d'un magistrat distingué , la manifestation d'heureuses sympathies, elles font désirer à *toutes* et à *tous* la bienvenue de la FEMME; et si, riches et pauvres, unissent leurs voix à la mienne pour chanter tous ensemble :

Salut au PÈRE ! espoir en la MÈRE !

Gloire à DIEU !

APÔTRE,

COMPAGNON DE LA FEMME

A BEZIERS, VEUVE DORY IMPRIMEUR-LIBRAIRE..

— M. Vidal, *compagnon de la femme*, nous adresse les pièces suivantes. Nous n'avons pas besoin de dire que nous sommes loin de partager les erreurs politiques et religieuses de M. Vidal; mais ce jeune citoyen réclame l'exécution des lois de son pays; à ce titre, nous nous faisons un devoir d'accéder à ses désirs.

A Monsieur le Rédacteur des Mélanges Occitaniques,
à Montpellier.

Monsieur,

Si vous aviez la bonté d'insérer la lettre suivante dans votre plus prochain numéro, je vous serais extrêmement reconnaissant. Agréez, etc.

VIDAL, apôtre, *compagnon de la femme.*

Monsieur le procureur général,

Je réclame ma liberté à laquelle m'a donné droit l'arrêt de la cour royale en date du 4 du présent mois.

J'ignore par quel motif vous avez cru pouvoir violer en ma personne l'art. 229, cod. de pr. cr. qui dit positivement que le prévenu, relaxé par la chambre d'accusation, doit être *mis en liberté sur-le-champ, s'il n'est retenu pour autre cause.*

S'il était vrai que vous prissiez plaisir à prolonger arbitrairement ma détention, j'en serais extrêmement affligé, non par rapport à moi, car la persécution me grandit tous les jours; mais par rapport à vous, Monsieur le procureur général, car cet acte ne vous élèverait pas; au contraire.

Mais je me plais à croire qu'il n'en est pas ainsi, et que vous vous serez laissé séduire par l'opinion de Carnot, sans penser que ce fameux jurisconsulte écrivait dans ce moment pour le despotisme de l'homme de guerre.

J'ai donc tout lieu d'espérer qu'aussitôt ma lettre reçue vous donnerez des ordres pour ma mise en liberté. Et ce sera justice.

Je vous salue, Monsieur le procureur général, avec les sentiments que m'inspirent pour *tous* et pour *toutes* ma foi au PÈRE et mon espoir en la MÈRE. Gloire à DIEU !

VIDAL, apôtre, *compagnon de la femme.*

Prison de Béziers, 12 juillet 1833.

L'un des Gérants, ALEX.ᵉ GARNIER.

Juin 1833

À mes Concitoyens,

Le vaste système de persécution qui s'organise en France contre les hommes qui veulent un ordre de choses plus en harmonie avec les idées et les besoins de l'époque, commence à porter ses fruits. Ma sortie brusque, inattendue de chez madame Abascal, est un sujet de conversation que chacun interprète à sa manière. Ce fait, qui paraît assez insignifiant par lui-même, se revêt d'un caractère grave et sérieux, si on le lie au principe de liberté de conscience sur lequel repose l'édifice social tout entier. Quoique jusqu'à ce jour j'aie gardé le silence, je n'ai pas entendu laisser croire à mes concitoyens que je passais condamnation sur la mesure prise à mon égard ; j'ai voulu seulement que le temps me fournit les documens nécessaires, afin que mon esprit dégagé de toute espèce de prévention, put prononcer un jugement avec pleine connaissance de cause. Aujourd'hui je suis en mesure, et je me félicite d'une telle circonstance qui me permet de me poser en face du public ; je vais lui dire sans détour, sans arrière-pensée, ce que je suis, et désabuser certaines personnes qui se laissent encore aller contre moi et les miens à des sentimens de haine, parce que ne concevant pas l'époque actuelle, elles se méprennent sur la nature de nos idées et de nos actes.

D'abord pour ce qui est de ma vie privée, je n'entrerai dans aucun détail à cet égard ; ma moralité est assez connue ; au surplus mes actes sont là pour en répondre. Quant à ma vie politique, je me vois obligé d'entrer dans quelques développemens relativement à la phase qu'elle présente aujourd'hui. Le crime dont on m'accuse c'est d'avoir pris rang dans la hiérarchie de ces hommes généreux qui ont proclamé hautement que le bonheur de chaque individu devait désormais être lié à celui de ses semblables ; qui n'ont cessé d'appeler l'attention du gouvernement sur le sort de ces masses qui n'héritent que de la misère , et qui s'agitant tantôt sourdement , tantôt bruyamment sur le sol de la France , échangeraient volontiers une partie de leur souveraineté dérisoire pour un peu de pain et du travail. Voilà ce que mon cœur désire , et ce que doit désirer tout homme dont l'égoïsme n'a pas entièrement desséché le cœur. Voilà ce qu'expriment chaque jour les hommes du progrès , libéraux , républicains ou saint-simoniens qui , d'accord sur le même but, ne diffèrent que dans l'emploi des moyens. Les uns croient que la violence est encore nécessaire pour obtenir les améliorations ; les autres les attendent pacifiquement et progressivement du temps et surtout de l'esprit plus éclairé du peuple. Les premiers , sans cesse armés de la hâche et du marteau , s'acharnent à démolir quelques débris du passé qui apparaissent çà et là ; les seconds , maniant la truelle et le rabot, s'occupent plutôt des moyens d'organiser la société sur des bases nouvelles. Tous accomplissent donc une œuvre importante.

Indépendamment des maux des classes pauvres, les saint-simoniens en ont signalé d'une autre nature , mais

non moins cuisans. Eux les premiers ont parlé des
souffrances de la femme, de cette moitié de l'être
humain ; à la femme réprouvée dans le passé, torturée
dans le présent, ils annoncent un avenir de gloire et
de bonheur. Développée dans ses facultés, libre dans
l'expression de ses sentimens, sans rien perdre de cette
aimable pudeur qui fait sa plus belle parure, la femme
de l'avenir, respectée, honorée, inspirera les plus grands
actes de dévouement, encouragera la science, l'industrie,
les beaux-arts, et fera connaître aux nations sa puissance d'amour et de bonté.

Non, ma franchise n'excitera point contre moi le
courroux de ces hommes qui, dans leurs craintives
préoccupations, nous considèrent comme des instrumens
de désordre. Aussi je le déclare, et telle est ma conviction
intime et profonde, la doctrine saint-simonienne, à travers
quelques imperfections qui s'attachent à tout ce qui sort
de la main des hommes, porte dans ses vastes flammes
le germe de l'avenir de l'humanité. C'est elle qui,
s'élevant au dessus de tous les systèmes politiques créés
jusqu'à ce jour, présente à tous les partis une large
bannière dont chacun s'approprie un lambeau. Jettez les
yeux au tour de vous, et vous verrez cette gravitation
universelle des esprits vers le foyer des idées saint-
simoniennes. Les journaux de toutes les couleurs aban-
donnant enfin tout le fatras de la métaphysique cons-
titutionnelle, se précipitent à l'envi sur le terrain de
la politique industrielle. Depuis long-temps ils appèlent
de tous leurs vœux le règne de la capacité, le seul
privilége que l'humanité éclairée reconnaisse aujourd'hui,
parce qu'il est fondé sur la nature humaine.

4

Le *Temps* lui-même, ce journal que les hommes les plus modérés ne désavoueront pas, s'exprime en ces termes dans un article fort remarquable sur l'état actuel des choses. *(Samedi* 25 *mai* 1833 *).*

« Il y a, dit-il, hostilité entre ceux qui jouissent
» et ceux qui travaillent ; entre les entrepreneurs des
» travaux et les ouvriers qui fournissent leurs bras ».
Et plus bas il ajoute :

« Ce n'est point, dit-il, le gouvernement qu'il faut
» refaire, c'est la société qui se refait tous les jours.
» Les rapports de l'ouvrier au capitaliste, du domestique
» au maître, de la femme à l'époux, du citoyen au
» citoyen dans son action industrielle et morale. Voilà
» des problèmes qui tourmentent tous les esprits sérieux ».

Ah ! si depuis quatre ans que je professe ces principes qui répandent tant de charmes sur mon existence, mon cœur trop ardent, mon imagination trop facile à s'exalter, n'eussent embrassé qu'une illusion, une chimère ; je vous le demande, faudrait-il me faire un crime de mes erreurs ? Faudrait-il renouveler contre nous ces scènes déplorables qui ont ensanglanté tant de pages de l'histoire ? Déjà des hommes, pour qui les leçons du passé sont entièrement perdues, murmurent contre nous le mot de persécution, comme si la société était relancée vers le 15ᵐᵉ siècle. Insensés ! qui croient que le sabre ou le canon ont puissance d'arrêter l'essor des idées nouvelles. Légitimistes, libéraux de toutes les nuances, tour-à-tour persécutés, vous avez invoqué cette liberté de conscience, ce droit imprescriptible que Dieu a gravé dans le cœur de l'homme d'acquérir et de communiquer ses idées. Eh bien ! nous l'invoquons aujourd'hui ; poursuivez-nous dans nos actes s'ils troublent la société, vous en avez le droit ; mais respectez nos sentimens dont nous ne devons compte qu'à celui qui nous les a donnés. L'homme qui dit à son semblable : crois ou meurs, est un monstre ; mais celui qui dit : tu es dans l'erreur, je vais t'éclairer, est un ange de paix sur la terre.

Tels sont mes principes, tels sont ceux que je professais lors de mon entrée chez madame Abascal ; c'est un fait incontestable. La pension battue en brèche était prête à crouler. Peu satisfaits des progrès de leurs enfans, les pères de famille menaçaient de les retirer, autre fait non moins incontestable ; l'orage grondait, il fallut chercher les moyens de le conjurer. On jetta les yeux sur moi ; des propositions me furent faites ; mais j'étais saint-simonien, ma profession de foi était assez répandue ; qu'importe ? Je devins la providence du moment, et je fus accepté comme professeur de grammaire française et de belles-lettres. Par mes soins l'établissement recouvra son ancienne splendeur ; et quoiqu'on ait pu dire sur ma négligence dans mes enseignemens, jamais le chiffre des élèves ne s'était élevé si haut. Et c'est, j'ose le dire, après avoir exécuté dans le court espace de sept mois des travaux dont chacun peut apprécier toute l'importance, que l'on me déclare brusquement, presque à moitié année, que l'on n'a plus besoin de mes services, et cela parce que je professe une doctrine abominable. On me repousse comme un homme dangereux, comme un saint-simonien en un mot, lorsque huit mois auparavant on m'avait accepté quoique tel et comme tel. Et c'est au nom de tous les pères de famille, au nom d'un illustre personnage de la capitale, dont je respecte infiniment les qualités personnelles, moins dont je décline la compétence dans cette affaire, que l'on me signifie de cesser mes cours, sans me laisser la satisfaction, si douce pour un professeur, de recueillir à la fin de l'année, en présence d'un auditoire nombreux et éclairé, le prix de ses nombreux travaux. Alors j'aurais pu être jugé et rétribué selon mes œuvres ; alors seulement on aurait pu trouver dans mes actes la condamnation ou la justification de mes principes.... Mais l'honneur des familles était gravement compromis par ma présence dans l'établissement ! les parens indignés demandaient à grands cris mon expulsion ! il fallait les satisfaire à tout prix ! l'occasion était favorable, on s'en empara pour faire le petit coup d'état préparé de longue main. Cette circonstance est trop remarquable pour qu'elle ne frappe point tous les esprits. Si madame Abascal n'a fait que se rendre aux vœux des parens qui demandaient sur le champ ma retraite, je ne saurais la blâmer ; sa position à l'égard du public exigeait l'adoption d'une pareille mesure. Mais si, au contraire, elle n'a cédé qu'à l'influence d'un parti jésuitique qui semble la traîner à la remorque, je laisse au public le soin de qualifier la conduite de ces hommes, qui s'enveloppent de ténèbres pour mieux porter leurs coups. Pour moi il me suffit d'avoir acquis la certitude que mon expulsion n'est point le résultat de la demande générale des parens qui, presque tous, m'ont témoigné vivement leurs regrets que leurs enfans fussent privés de mes leçons.

Personne, je pense, ne se méprendra sur la nature de cet écrit ; car si dans cette circonstance j'ai cru devoir employer la voie de la presse, c'était moins pour traduire madame Abascal au tribunal de l'opinion publique, et lui demander compte de son inconséquence, pour ne pas dire de son ingratitude à mon égard, que pour faire ma profession de foi, franche, sincère, afin d'en finir avec tous ces bruits que la malveillance se plaît à répandre sur notre compte, et que la crédulité adopte sans examen.

Désormais toute relation cesse entre moi et madame Abascal. J'ai servi de marche pied à l'élévation de son établissement, malgré les résistances de quelques voix amies qui m'avaient conseillé de ne pas y entrer. Je me retire sans regret à cet égard ; mais je ne puis me défendre d'un sentiment douloureux en me séparant d'une classe à laquelle j'ai donné tous mes soins, et sur laquelle j'avais fondé de si brillantes espérances. Toutefois il me reste la douce satisfaction de penser que j'emporte l'estime et l'affection de mes élèves et de leurs parens ; ils seront mes défenseurs auprès des personnes qui pourraient encore ajouter foi aux imputations de la calomnie.

A. METGE, Licencié ès sciences.

Castelnaudary. Louis GROC, Imprimeur-Libraire.

EXPLICATION

DE LA

RELIGION

SAINT-SIMONIENNE.

A NANTES,

DE L'IMPRIMERIE DE VICTOR MANGIN,

Rédacteur en chef de l'Ami de la Charte,

QUAI DE LA FOSSE, N° 28.

1833.

EXPLICATION

DE LA

RELIGION

SAINT-SIMONIENNE.

Les hommes religieux sont ceux qu'unit une même pensée sur le passé, le présent et l'avenir des sociétés, une même manière de comprendre Dieu.

NOTRE PENSÉE COMMUNE.

Nous croyons, et l'histoire le prouve, que les sociétés sont arrivées de progrès en progrès à l'état actuel. Chez les Egyptiens, il y a 3000 ans, le fils était condamné à suivre l'état de son père; il était, malgré lui, maçon, charpentier, matelot, si son père avait été maçon, charpentier ou matelot. Plus tard, chez les Grecs et chez les Romains, ce régime des castes fut remplacé par l'organisation d'une noblesse tantôt héréditaire, tantôt élective; c'était un grand progrès, mais l'esclavage fut conservé. Or, un esclave c'était la chose de son maître, lequel avait droit de mort sur lui. On lui crevait les yeux pour qu'il ne fût pas distrait en tournant la meule; on l'égorgeait dans le temple avec ses consorts, quand leur grand nombre inspirait des craintes. Jésus vint, et il dit à tous : *Les hommes sont égaux devant Dieu.* Or, comme de l'égalité devant Dieu à l'égalité devant la loi il n'y a qu'un pas, sa parole était un immense bienfait, la révélation d'une société nouvelle. Ses disciples continuèrent la publication de sa doctrine, et c'est à eux que nous devons la destruction de l'esclavage. Honneur donc aux fondateurs de la religion chrétienne ! car ils ont consacré l'affranchissement du peuple. Mais les Apôtres et les Pères de l'Eglise ne concevaient Dieu que comme un pur esprit. A leurs yeux, la chair c'était le péché; l'industrie et les arts, c'étaient Satan, ses pompes et ses œuvres. Aussi leur religion ne put s'établir en Orient, et dans les contrées méridionales où les hommes sont plus portés à l'amour, plus désireux de luxe que dans les autres. D'abord, ce fut un évêque nommé Arius, qui protesta et qui fit schisme; plus tard, Mahomet donna aux orientaux une religion nouvelle. Ses disciples poussèrent très-loin l'étude de la science, des beaux-arts, du commerce et de l'industrie. Les Maures qui vainquirent l'Espagne, ont laissé surtout d'admirables monuments de leur grandeur; mais ils n'enseignèrent aucune idée nouvelle, aucune idée qui pût ajouter au bonheur du peuple. Aussi, quand les chrétiens eurent appris des orientaux les arts, la science, l'industrie, la civilisation d'Orient pâlit à côté de la civilisation d'Occident. Ce furent d'abord les papes, les évêques et les moines qui civilisèrent nos pays : ils desséchaient les marais, creusaient le lit des fleuves, défrichaient les terres incultes. Mais peu à peu ils oublièrent la maxime de leur maître : l'*égalité devant Dieu* : ils voulurent s'associer aux nobles pour partager le pouvoir, et ils perdirent leur influence. Aujourd'hui, s'il y a encore des prêtres catholiques, c'est uniquement la nécessité d'une religion qui en est cause. Déjà, nous en avons converti quelques-uns, et nous en convertirons d'autres, en même temps que le peuple abandonnera leur culte vieilli, pour le nôtre. Ainsi se vérifiera notre maxime : l'humanité marche de progrès en progrès.

NOTRE DIEU.

Parmi les apôtres de Jésus, il en était un que ce grand homme, cet homme véritablement divin par sa bonté et son génie, affectionnait particulièrement; c'était Saint-Jean. Celui-là conçut Dieu, à peu près comme nous le concevons. Après lui, Saint-Paul, le véritable fondateur du catholicisme, vint et il dit : Dieu *est un* et *tout ;* il est la *vigne* et le *vigneron.* Mais les Pères de l'église ne sentirent pas la portée de ces paroles, et ils dirent : *Dieu est un pur esprit,* qui a tiré le monde du néant. Nous autres Saint-Simoniens, nous disons : *Dieu est tout ce qui existe* ; Dieu c'est l'univers avec ses milliers de soleils et de terres, avec tout ce qui pense et végète à leurs surfaces ; Dieu, c'est l'harmonie universelle, l'ensemble des lois, de la nature ; *Dieu est père et mère* de tout ce qui se produit ; et les hommes qui marchent de progrès, en progrès vers l'association universelle, pour l'exploitation du globe sont en lui.

Aussi nous, nous estimons l'intelligence ; mais nous ne réprouvons pas comme les chrétiens, la chair et la matière ; nous disons que la grâce, la beauté, la force, les arts et l'industrie, sont en Dieu, aussi bien que l'esprit, et nous les honorons chaque fois qu'on en use pour le bien de l'humanité. Pour nous, il n'y a ni enfer, ni purgatoire, ni récrimination, ni damnation, car Dieu est tout ce qui est.

POLITIQUE. MORALE. CULTE.

Les hommes de chaque pays doivent être associés entre eux ; voilà notre politique intérieure.

Les peuples ne doivent plus former qu'une seule nation, ou plutôt qu'une seule famille ; voilà notre politique extérieure.

De même que la houille existe dans les pays froids et tempérés, le diamant dans les climats brûlés par le soleil ; de même chaque peuple a un caractère qui lui est propre.

L'Anglais a le génie de l'industrie et du commerce ; l'Allemand, celui de la science ; le Français, celui des pensées et des arts civilisateurs. Aussi, chaque nation aura sa mission dans l'exploitation du globe, dans la grande association des peuples ; de même que dans une ville, chaque habitant remplit aujourd'hui une profession. Nous voulons encore que chaque homme en naissant soit sûr de recevoir de l'éducation dans son enfance, d'avoir du travail dans son âge de force, une retraite quand il sera vieux.

Peuple, deviens éclairé, et ton travail sera plus facile et plus productif ; deviens généreux, et tu donneras à tous les lumières qui leur conviennent ; deviens plus humain, et tu ne voudras plus laisser tes frères mourir de faim ! Ah ! laisse le chrétien faire l'aumône, laisse-le tendre la main : c'est du passé ! Mais toi, Saint-Simonien, toi, associé, tu seras sûr de secours, si tu es malade ; d'une retraite, si tu ne peux plus travailler ! Toi, tu es l'homme d'avenir ; tu préfères la prévoyance à la pitié, l'association à l'isolement !

Nous allons entrer dans les détails de notre politique.

ÉDUCATION.

Nous, Saint-Simoniens, nous proclamons que l'éducation gratuite doit être donnée à tous, que la nature de l'éducation doit être réglée par le goût et la capacité des enfants et non par le hasard de leur naissance : à chacun suivant sa vocation, à chacun suivant sa capacité.

ÉCOLES PRIMAIRES.

C'est dans les écoles primaires que l'on apprendra à lire, écrire, compter; c'est là encore que l'on apprendra la musique vocale, le dessin linéaire et la gymnastique ; car selon nous il faut cultiver le corps et la beauté en même temps que l'esprit et l'intelligence.

ÉCOLES SECONDAIRES.

C'est ici que tous les élèves recevront une éducation plus avancée, ici que se révélera la vocation de chacun ; mais chacun ne pourra se destiner aux colléges scientifiques ou aux écoles d'arts-et-métiers qu'après avoir subi des examens et des épreuves.

COLLÉGES, ÉCOLES D'ARTS-ET-MÉTIERS.

Dans les colléges, nous voulons qu'on cesse d'ennuyer la jeunesse avec l'étude exclusive du grec et du latin, pour lui enseigner davantage les sciences naturelles, l'histoire, la géographie, les beaux-arts. Dans les écoles d'arts-et-métiers, des séances d'art, de plaisir, de science, succéderont aux séances de travail.

UNIVERSITÉS.

Les meilleurs élèves de toutes les écoles entreront de droit dans les universités : une université dans l'avenir, ce sera un grand collége qui renfermera les cours supérieurs d'art, de science, d'industrie; de chacune d'elle sortiront des administrateurs, des ingénieurs, des médecins, des peintres, des poëtes, des musiciens, qui se répandront à grands flots sur la société pour lui distribuer la vie industrielle, la vie scientifique et la vie de l'art.

FONCTION.

Tout homme ayant acquis une profession par suite d'épreuves nombreuses et sévères, s'élèvera successivement dans la hiérarchie de cette profession, par les travaux et les épreuves qui lui auront mérité l'acclamation de ses inférieurs, l'estime et la confiance de ses supérieurs : ses titres seront rendus publics, et l'opinion sera l'arbitre de la justice qui lui sera rendue.

RETRAITE.

Aujourd'hui, quand un homme à travaillé, il meurt souvent de misère; dans l'avenir la société pourvoiera à ses besoins selon la place qu'il aura occupée, comme elle le fait aujourd'hui pour quelques fonctionnaires du pouvoir, en améliorant toutefois le système actuel des pensions.

LIBERTÉ, ÉGALITÉ, ASSOCIATION.

Notre politique se résume encore dans ces trois mots : Liberté, Égalité, Association.

Liberté, c'est le droit qu'a chacun de recevoir de la société les moyens de développer son corps, son cœur et son esprit dans tout ce qui n'est pas contraire aux intérêts de la masse.

Égalité, c'est le même droit qu'ont tous les hommes, de prétendre à l'éducation que réclament leurs facultés physiques, morales, intellectuelles : au travail, quand ils auront acquis une profession ; à la retraite, quand ils l'auront exercée.

LES DIVERS PARTIS.

Un Saint-Simonien est un homme qui veut que l'autorité soit exercée par les plus capables, sans nuire à la liberté et à l'égalité, c'est-à-dire par l'association des faibles et des forts, des ignorants et des savants, des hommes froids et des artistes.

Aussi, nous ne sommes pas républicains, parce que nous admettons une autorité aimante et aimée, qui se confie en nous et en qui nous avons confiance, que nous élevons au-dessus de nous en même temps qu'elle nous élève à elle.

Nous ne sommes pas républicains, parce que nous prêchons la paix, parce que nous croyons que la persuasion est la seule arme dont on doive faire usage pour améliorer la situation du peuple et des femmes ; mais nous aimons les ré-

publicains, parce qu'ils veulent comme nous la liberté et l'é-
galité, parce qu'ils ont comme nous des sympathies profondes
pour le peuple, parce qu'enfin ils commencent à comprendre
l'association, et que le jour n'est pas loin où ils entreront en
masse dans nos rangs.

Nous ne sommes pas juste-milieu, parce que nous n'avons
pas peur du progrès; mais nous aimons le juste-milieu, parce
qu'il sent le besoin d'autorité, et que par nous, hommes pacifiques il arrivera à pratiquer la liberté et l'égalité, qu'il comprend, qu'il aime par fois; mais dont il s'effraie. Le juste-
milieu possède aujourd'hui les capitaux, c'est-à-dire les moyens d'organiser le travail, et nous saurons l'associer au peuple qui travaille, aux ingénieurs qui organisent les travaux.

Nous ne sommes pas légitimistes, mais nous reconnaissons
en eux, par rapport à leurs inférieurs, une autorité aimante
et bienveillante; ils sont meilleurs pour leurs domestiques et
leurs fermiers que les bourgeois; de plus leurs femmes commencent a comprendre la liberté, leur jeunesse s'éclaire,
et le Saint-Simonisme saura leur faire faire un nouveau progrès.

Notre politique ne se borne pas à ce que nous venons
d'exposer : nous sommes prêts sur toutes les questions, c'est-
à-dire que nous avons étudié la manière d'organiser les artistes, les savants et les industriels.

A l'article culte nous parlerons des artistes et de l'art. Ce
qui concerne les savants intéresserait peu la plupart des lecteurs; quant à l'industrie, il est convenable de lui accorder
quelques lignes : utiliser toutes les découvertes de la science
pour le bien-être des hommes, voilà notre but. Nous voulons
que l'homme s'associe aux lois de la nature pour mieux exploiter le globe; et, sous ce rapport, nous concevons qu'il serait
infiniment important de rapprocher les distances, de diminuer les frais de transports et de faire disparaître le danger
des voyages.

Sous l'inspiration de notre chef, de celui que nous appelons notre PÈRE, parce qu'il nous a donné une vie nouvelle,
nous annonçons au monde qu'un jour, entre toutes les
principales villes de l'ancien et du nouveau continent, il
existera des télégraphes de jour et de nuit qui, en 48 heures,
feront connaître à Paris, à Londres et dans nos grandes villes
de commerce, ce qui se passe dans la Russie, dans l'Inde,
dans l'Egypte, c'est-à-dire à un, deux ou trois mille lieues.

Alors entre les mêmes villes il existera des chemins de fer

sur lesquels on fera 10 et 12 lieues à l'heure, et il sera aussi facile et aussi prompt d'aller de Nantes à St-Pétersbourg, qu'il l'est aujourd'hui d'aller de Nantes à Marseille ; alors il existera des bateaux à vapeur qui lieront l'Europe, l'Asie, l'Afrique, l'Amérique et l'Océanie ; alors les isthmes de Suez et de Panama seront coupés, et les marins n'auront plus à redouter les tempêtes du cap Horn ou du cap de Bonne-Espérance ; alors il ne faudra pas un an pour faire le tour du du monde et visiter les principaux peuples ; alors l'intérieur des terres sera coupé de canaux parallèles aux fleuves et destinés à transporter les gros matériaux ; dans chaque port de mer il existera un dok ou bassin éclusé servant d'entrepôt ; toutes les terres incultes seront défrichées ; tous les marais seront desséchés, les montagnes seront replantées.

Alors aussi le peuple ne sera plus le spectateur souffrant de toutes ces grandes choses ; il ne ramassera plus les miettes qui tombent de la table du riche ; il ne sera plus pauvre et déguenillé ; il n'aura plus en perspective l'hospice et la prison ; mais plus moral, plus éclairé, plus heureux, il sera associé aux riches et aux savants, et fera valoir, dans l'intérêt public, les capitaux des uns et la science des autres, car c'est ainsi que l'humanité doit s'élever de progrès en progrès jusqu'à l'ASSOCIATION UNIVERSELLE.

Hommes, qui ne nous comprenez pas et qui nous calomniez encore, voyez, c'est nous qui enseignons aux républicains la modération, l'ordre et la paix dans l'intérêt de ceux qu'ils aiment, du peuple ; c'est nous, riches, c'est nous, savants, qui nous faisons peuple ; c'est nous, qui laissons tout afin de rendre le peuple plus moral, plus éclairé ; c'est nous qui voulons lui faire mériter un meilleur avenir, en lui apprenant des vertus nouvelles et la science de l'ASSOCIATION !

A nous, bourgeois timides, à nous hommes craintifs ! ne tremblez pas, mais comprenez-nous, car nous sommes le nouveau Christ ; c'est nous qui portons la croix nouvelle ; c'est nous qui nous dévouons, afin que le peuple sache qu'il doit respecter vos richesses, afin que vous sachiez qu'il faut lui venir en aide, non avec des hospices et des bagnes, mais avec des travaux publics, des banques, des caisses de retraite, des écoles de toute espèce ! Hommes de tous les partis, il ne s'agit de dépouiller personne, mais il est possible de quadrupler la richesse sociale et le bonheur de tous ; il est possible d'enrichir le pauvre sans déposséder le riche, et c'est là notre but.

NOTRE MORALE.

Quelle morale que celle du monde ! Ici, des hommes qui trompent leurs femmes et leur imposent en revanche la fidélité ; ailleurs, des femmes qui introduisent dans la maison conjugale les fils de l'adultère ; des maisons d'enfants trouvés, des filles prostituées, voilà la morale - pratique de la société dans laquelle nous vivons ; et tout cela, parce que la femme est l'égale de l'homme aux yeux du public, et qu'elle ne l'est pas aux yeux de la loi ; nous voulons, nous, réformer les mœurs, et nous, nous en sentons la force ; nous voulous que la femme soit L'ASSOCIÉE, L'ÉGALE de l'homme, au lieu de lui être soumise.

Nous voulons, nous, élargir le cercle de la petite famille et donner une mère (la patrie) à ceux qui n'ont aujourd'hui pour eux que les secours de la pitié.

Nous voulons qu'ils soit libre à tous de rompre des nœuds mal assortis, parce que nous qu'on accuse d'immoralité, nous avons horreur du mensonge et de l'adultère.

Le public s'est emparé de nos doctrines pour les travestir ; tandis que les uns nous accusent de vouloir la communauté des femmes , d'autres plaisentent fort agréablement sur la femme messie et les femmes apôtres, comme s'il était impossible qu'une femme de génie vînt nous aider à prêcher l'égalité de l'homme et de la femme, et qu'elle pût grouper autour d'elle d'autres femmes désireuses de briser le joug qui leur est imposé !

Républicains, amis du peuple , songez que tous les despotismes sont solidaires. Vous n'affranchirez le peuple qu'en déclarant la femme l'égale de l'homme. Bourgeois timides, rassurez-vous, nous ne porterons pas le trouble dans vos ménages , car nous ne voulons de révolte nulle part , car nous ne voudrions pas d'un 9 3 féminin. Nous aimons mieux prêter à vos plaisanteries en cherchant les femmes les plus capables, pour propager peu à peu par elles nos doctrines , et les faire descendre successivement dans les masses sans troubles domestiques.

C'est dans l'Orient seulement où les femmes sont tout-à-fait esclaves que notre parole pourra produire une grande sensation ; c'est-là que peut être nous aurons à éteindre la persécution dans notre sang. Aussi y avons-nous envoyé le plus grand orateur de notre époque , BARRAULT, dont la voix éloquente a si souvent retenti au sein de Paris. Avec lui sont partis des savants et des artistes, annéaux d'une chaîne nouvelle qui doit lier l'Orient à l'Occident.

NOTRE CULTE.

Nous ne venons pas briser ce qui existe, mais le transformer.

Humanité, tu auras encore des jours de fête!

Dans le temple nouveau, nous placerons tous les bienfaiteurs des hommes, tous les génies qui ont servi la cause du progrès sous la bannière de la science, de l'art et de l'industrie.

Artistes, et vous femmes, vous préluderez aux trois circonstances de la vie, à la naissance, à l'entrée dans le monde et à la mort; vous aurez pour tous des hymnes de joie! Car dans notre religion, malgré l'inégalité des professions et des capacités, *tous seront appelés, tous seront élus.*

Bourgeois, prolétaires, nous ennoblirons vos cafés, vos guinguettes, nous les transformerons. Pour nous, le plaisir et l'art sont saints, quand ils ont pour but de rendre les hommes bons et heureux. Nous vous apprendrons une musique suave et la puissance de la poésie chantée en chœur, et des improvisations.

Peuple, tu auras un jour par nous, des jouissances plus grandes que celles de l'opéra; nous saurons t'initier à toutes les voluptés de l'art, à tous les mystères de la poésie! Bientôt déjà, tes baladins, tes charlatans, au lieu de te tromper et de te conter des sottises, sauront t'enseigner la science sous toutes les formes les plus amusantes.

Peuple, nous secouerons tes guenilles, et tu prendras un habit propre et gracieux, un habit qui ajoute à ta beauté; car si l'homme a la face belle, c'est pour qu'elle soit l'ornement de cette terre que nous habitons, c'est pour qu'elle inspire l'amour et le respect.

Culte, ce mot veut dire *cultiver, honorer, fêter*. Eh bien! les Saint-Simoniens se proposent de cultiver et d'embellir le globe, pour qu'il devienne le temple de DIEU, de l'harmonie universelle; ils se proposent aussi de rendre l'homme plus parfait en grâce, en beauté, en force; plus puissant par la science, l'art et l'industrie; afin qu'il soit digne de ce temple et qu'à côté des canaux, des édifices publics, des voitures à vapeur aussi rapides que les boulets de canon, il soit là comme une représentation de cette pensée divine, de cette force infinie qui anime les cieux et la terre.

Hommes, l'âge d'or est dans l'avenir, et c'est l'association universelle qui réalisera le paradis terrestre !

QUI NOUS SOMMES.

Qui êtes-vous pour parler ainsi, nous diront les cœurs froids ? Qui nous sommes, écoutez :

SAINT-SIMON, celui qui conçut la pensée d'une nouvelle religion, degagée de mysticisme et pure de fraude, était issu d'une grande famille et descendait de l'empereur Charlemagne. Jeune, il combattit en Amérique pour la liberté, plus tard il acquit une grande fortune et la consacra tout entière au bien de l'humanité. Il est mort pauvre sur un grabat.

ENFANTIN qui a hérité de sa doctrine, qui l'a developpée et qui nous l'a enseignée, est le fils d'un banquier de Paris. Il est sorti de notre école polythecnique et combattait en 1815, dans ses rangs, sous les murs de Paris, les ennemis de la France.

Sa beauté est comme une révélation de son génie. C'est lui qui nous a donné cette science philosophique que nous possédons et ce calme religieux qui vous étonne. Aujourd'hui il est pauvre, car il a consacré sa fortune à propager ses opinions ; mais il est riche, car il s'est fait des fils qui l'aiment et sauront répandre la foi nouvelle.

A côté de lui, ont brillé, fécondés par sa pensée puissante, Michel Chévalier, élève de l'école polythecnique, ingénieur des mines ; Fournel, l'ancien directeur des mines et fonderies du Creusot, qui dirigeait encore en 1830, 2500 ouvriers; les ingénieurs Flachat, Lambert, dont la France éclairée apprécie le talent ; les capitaines d'artillerie et d'état-major, Hoart et Bruneau; Duveyrier, surnommé, par les non Saint-Simoniens, le poëte de Dieu ; Deicthäl, le fils du banquier de Paris, et tant d'autres encore.

Allez à Paris, à Lyon, à Marseille, à Bordeaux, à Grenoble, à Dijon, à Saint-Etienne, à Avignon, à Toulouse, à Angers, à Nantes, etc., etc., etc., dans les principales villes de France, et vous y trouverez des ingénieurs, des avocats, des médecins, des savants, des artistes et des industriels, qui portent notre habit, entourés d'amis qui sympathisent avec eux ; allez, et vous y verrez des ouvriers plus instruits en science morale que tous ceux dont nous excitons aujourd'hui le rire, et qui seront Saint-Simoniens quand ils nous auront compris !

EXPLICATION

DE LA

RELIGION

SAINT-SIMONIENNE.

DEUXIÈME ÉDITION,

REVUE ET AUGMENTÉE.

RELIGION.

Les hommes religieux sont ceux qu'unit une même pensée sur le passé, le présent et l'avenir des sociétés, une même manière de comprendre Dieu.

NOTRE PENSÉE COMMUNE.

Nous croyons, et l'histoire le prouve, que les sociétés sont arrivées de progrès en progrès à l'état actuel. Chez les Égyptiens, il y a 3000 ans, le fils était condamné à suivre l'état de son père ; il était, malgré lui, maçon, charpentier, matelot, si son père avait été maçon, charpentier ou matelot. Plus tard, chez les Grecs et chez les Romains, ce régime des castes fut remplacé par l'organisation d'une noblesse tantôt héréditaire, tantôt élective; c'était un grand progrès, mais l'esclavage fut conservé. Or, un esclave c'était la chose de son maître, lequel avait droit de mort sur lui. On lui crevait les yeux pour qu'il ne fût pas distrait en tournant la meule; on l'égorgeait dans le temple avec ses consorts, quand leur grand nombre inspirait des craintes. Jésus vint, et il dit à tous : *Les hommes sont égaux devant Dieu.* Or, comme de l'égalité devant Dieu à l'égalité devant la loi il n'y a qu'un pas, sa parole était un immense bienfait, la révélation d'une société nouvelle. Ses disciples continuèrent la publication de sa doctrine, et c'est à eux que nous devons la destruction de l'esclavage. Honneur donc aux fondateurs de la religion chrétienne ! car ils ont consacré l'affranchissement du peuple. Mais les Apôtres et les Pères de l'Eglise ne concevaient Dieu que comme un pur esprit. A leurs yeux, la chair c'était le péché; l'industrie et les arts, c'étaient Satan, ses pompes et ses œuvres. Aussi leur religion ne put s'établir en Orient, et dans les contrées méridionales où les hommes sont plus portés à l'amour, plus désireux de luxe que dans les autres. D'abord, ce fut un évêque nommé Arius, qui protesta et qui fit schisme; plus tard, Mahomet donna aux orientaux une religion nouvelle. Ses disciples poussèrent très-loin l'étude de la science, des beaux-arts, du commerce et de l'industrie. Les Maures qui vainquirent l'Espagne, ont laissé surtout d'admirables monuments de leur grandeur; mais ils n'enseignèrent aucune idée nouvelle, aucune idée qui pût ajouter au bonheur du peuple. Aussi, quand les chrétiens eurent appris des orientaux les arts, la science, l'industrie; la civilisation d'Orient pâlit à côté de la civilisation d'Occident. Ce furent d'abord les papes, les évêques et les moines qui civilisèrent nos pays; ils desséchaient les marais, creusaient le lit des fleuves, défrichaient les terres incultes. Mais peu a peu ils oublièrent la maxime de leur maître : l'*égalité devant Dieu*; ils voulurent s'associer aux nobles pour partager le pouvoir, et ils perdirent leur influence. Aujourd'hui, s'il y a encore des prêtres catholiques, c'est uniquement la nécessité d'une religion qui en est cause. Déjà nous en avons converti quelques-uns, et nous en convertirons d'autres, en même temps que le peuple abandonnera leur culte vieilli, pour le nôtre. Ainsi se vérifiera notre maxime : l'humanité marche de progrès en progrès.

NOTRE DIEU.

Parmi les apôtres de Jésus, il en était un que ce grand homme, cet homme véritablement divin par sa bonté et son génie, affectionnait particulièrement ; c'était Saint-Jean. Celui-là conçut Dieu, à peu près comme nous le concevons. Après lui, Saint-Paul, le véritable fondateur du catholicisme, vint et il dit : Dieu *est un* et *tout*; il est la *vigne* et le *vigneron*. Mais les Pères de l'église ne sentirent pas la portée de ces paroles, et ils dirent : *Dieu est un pur esprit*, qui a tiré le monde du néant. Nous autres, Saint-Simoniens, nous disons : *Dieu est tout ce qui existe*; Dieu, c'est l'univers avec ses milliers de soleils et de terres, avec tout ce qui pense et végète à leurs surfaces; Dieu, c'est l'harmonie universelle, l'ensemble des lois, de la nature; *Dieu est père et mère* de tout ce qui se produit ; et les hommes qui marchent de progrès en progrès vers l'association universelle, pour l'exploitation du globe, sont en lui.

Aussi nous, nous estimons l'intelligence ; mais nous ne réprouvons pas, comme les chrétiens, la chair et la matière ; nous disons que la grâce, la beauté, la force, les arts et l'industrie, sont en Dieu, aussi bien que l'esprit, et nous les honorons chaque fois qu'on en use pour le bien de l'humanité. Pour nous, il n'y a ni enfer, ni purgatoire, ni récrimination, ni damnation, car Dieu est tout ce qui est.

POLITIQUE. MORALE. CULTE.

Les hommes de chaque pays doivent être associés entre eux; voilà notre politique intérieure.

Les peuples ne doivent plus former qu'une seule nation, ou plutôt qu'une seule famille; voilà notre politique extérieure.

De même que la houille existe dans les pays froids et tempérés, le diamant dans les climats brûlés par le soleil; de même chaque peuple a un caractère qui lui est propre.

L'Anglais a le génie de l'industrie et du commerce; l'Allemand, celui de la science; le Français, celui des pensées et des arts civilisateurs. Aussi, chaque nation aura sa mission dans l'exploitation du globe, dans la grande association des peuples; de même que dans une ville, chaque habitant remplit aujourd'hui une profession. Nous voulons encore que chaque homme en naissant soit sûr de recevoir de l'éducation dans son enfance, d'avoir du travail dans son âge de force, une retraite quand il sera vieux.

Peuple, deviens éclairé, et ton travail sera plus facile et plus productif; deviens généreux, et tu donneras à tous les lumières qui leur conviennent; deviens plus humain, et tu ne voudras plus laisser tes frères mourir de faim ! Ah ! laisse le chrétien faire l'aumône, laisse-le tendre la main : c'est du passé ! Mais toi, Saint Simonien, toi, associé, tu seras sûr de secours, si tu es malade; d'une retraite, si tu ne peux plus travailler ! Toi, tu es l'homme d'avenir; tu préfères la prévoyance à la pitié, l'association à l'isolement !

Nous allons entrer dans les détails de notre politique.

ÉDUCATION.

Nous, Saint-Simoniens, nous proclamons que l'éducation gratuite doit être donnée à tous, que la nature de l'éducation doit être réglée par le goût et la capacité des enfants et non par le hasard de leur naissance : à chacun suivant sa vocation, à chacun suivant sa capacité.

ÉCOLES PRIMAIRES.

C'est dans les écoles primaires que l'on apprendra à lire, écrire, compter; c'est là encore que l'on apprendra la musique vocale, le dessin linéaire et la gymnastique; car selon nous il faut cultiver le corps et la beauté en même temps que l'esprit et l'intelligence.

ÉCOLES SECONDAIRES.

C'est ici que tous les élèves recevront une éducation plus avancée, ici que se révélera la vocation de chacun; mais chacun ne pourra se destiner aux colléges scientifiques ou aux écoles d'arts-et-métiers qu'après avoir subi des examens et des épreuves.

COLLÉGES, ÉCOLES D'ARTS-ET MÉTIERS.

Dans les colléges, nous voulons qu'on cesse d'ennuyer la jeunesse avec l'étude exclusive du grec et du latin, pour lui enseigner davantage les sciences naturelles, l'histoire, la géographie, les beaux-arts. Dans les écoles d'arts-et-métiers, des séances d'art, de plaisir, de science, succéderont aux séances de travail.

UNIVERSITÉS.

Les meilleurs élèves de toutes les écoles entreront de droit dans les universités : une université dans l'avenir, ce sera un grand collége qui renfermera les cours supérieurs d'art, de science, d'industrie; de chacune d'elle sortiront des administrateurs, des ingénieurs, des médecins, des peintres, des poètes, des musiciens, qui se répandront à grans flots sur la société pour lui distribuer la vie industrielle, la vie scientifique et la vie de l'art.

FONCTION.

Tout homme ayant acquis une profession par suite d'épreuves nombreuses et sévères, s'élèvera successivement dans la hiérarchie de cette profession, par les travaux et les épreuves qui lui auront mérité l'acclamation de ses inférieurs, l'estime et la confiance de ses supérieurs : ses titres seront rendus publics, et l'opinion sera l'arbitre de la justice qui lui sera rendue.

RETRAITE.

Aujourd'hui, quand un homme a travaillé, il meurt souvent de misère ; dans l'avenir la société pourvoiera à ses besoins selon la place qu'il aura occupée, comme elle le fait aujourd'hui pour quelques fonctionnaires du pouvoir, en améliorant toutefois le système actuel des pensions.

LIBERTÉ, ÉGALITÉ, ASSOCIATION.

Notre politique se résume encore dans ces trois mots : Liberté, Égalité, Association.

Liberté, c'est le droit qu'a chacun de recevoir de la société les moyens de développer son corps, son cœur et son esprit dans tout ce qui n'est pas contraire aux intérêts de la masse.

Égalité, c'est le même droit qu'ont tous les hommes, de prétendre à l'éducation que réclament leurs facultés physiques, morales, intellectuelles : au travail, quand ils auront acquis une profession ; à la retraite, quand ils l'auront exercée.

LES DIVERS PARTIS.

Un Saint-Simonien est un homme qui veut que l'autorité soit exercée par les plus capables, sans nuire à la liberté et à l'égalité, c'est à-dire par l'association des faibles et des forts, des ignorants et des savants, des hommes froids et des artistes.

Aussi, nous ne sommes pas républicains, parce que nous admettons une autorité aimante et aimée, qui se con fie en nous et en qui nous avons confiance, que nous élevons au-dessus de nous en même temps qu'elle nous élève à elle.

Nous ne sommes pas républicains, parce que nous pré. chons la paix, parce que nous croyons que la persuasion est la seule arme dont on doive faire usage pour améliorer la situation du peuple et des femmes ; mais nous aimons les républicains, parce qu'ils veulent comme nous la liberté et l'égalité, parce qu'ils ont comme nous des sympathies profondes pour le peuple, parce qu'enfin ils commencent à comprendre l'association, et que le jour n'est pas loin où ils entreront en masse dans nos rangs.

Nous ne sommes pas juste-milieu, parce que nous n'avons pas peur du progrès ; mais nous aimons le juste-milieu, parce qu'il sent le besoin d'autorité, et que par nous, hommes pacifiques il arrivera à pratiquer la liberté et l'égalité, qu'il comprend, qu'il aime par fois ; mais dont il s'effraie. Le juste-milieu possède aujourd'hui les capitaux, c'est-à dire les moyens d'organiser le travail, et nous saurons l'associer au peuple qui travaille, aux ingénieurs qui organisent les travaux.

Nous ne sommes pas légitimistes, mais nous reconnaissons en eux, par rapport à leurs inférieurs, une autorité aimante et bienveillante ; ils sont meilleurs pour leurs domestiques et leurs fermiers que les bourgeois ; de plus leurs femmes commencent à comprendre la liberté, leur jeunesse s'éclaire, et le Saint-Simonisme saura leur faire faire un nouveau progrès.

Notre politique ne se borne pas à ce que nous venons d'exposer : nous sommes prêts sur toutes les questions, c'est à-dire que nous avons étudié la manière d'organiser les artistes, les savants et les industriels.

A l'article culte, nous parlerons des artistes et de l'art. Ce qui concerne les savants intéresserait peu la plupart des lecteurs ; quant à l'industrie, il est convenable de lui accorder quelques lignes : utiliser toutes les découvertes de la science pour le bien-être des hommes, voilà notre but. Nous voulons que l'homme s'associe aux lois de la nature pour mieux exploiter le globe ; et, sous ce rapport, nous concevons qu'il serait infiniment important de rapprocher les distances, de diminuer les frais de transports et de faire disparaître le danger des voyages.

Sous l'inspiration de notre chef, de celui que nous appelons notre PÈRE, parce qu'il nous a donné une vie nouvelle, nous annonçons au monde qu'un jour, entre toutes les principales villes de l'ancien et du nouveau continent, il existera des télégraphes de jour et de nuit qui, en 48 heures, feront connaître à Paris, à Londres et dans nos grandes villes de commerce, ce qui se passe dans la Russie, dans l'Inde, dans l'Égypte, c'est-à-dire à un, deux ou trois mille lieues.

Alors entre les mêmes villes il existera des chemins de fer sur lesquels on fera 10 et 12 lieues à l'heure, et il sera aussi facile et aussi prompt d'aller de Nantes à St-Pétersbourg, qu'il l'est aujourd'hui d'aller de Nantes à Marseille ; alors il existera des bateaux à vapeur qui lieront l'Europe, l'Asie, l'Afrique, l'Amérique et l'Océanie ; alors les isthmes de Suez et de Panama seront coupés, et les marins n'auront plus à redouter les tempêtes du cap Horn ou du cap de Bonne-Espérance ; alors il ne faudra pas un an pour faire le tour du monde et visiter les principaux peuples ; alors l'intérieur des terres sera coupé de canaux parallèles aux fleuves et destinés à transporter les gros matériaux ; dans chaque port de mer il existera un dok ou bassin éclusé servant d'entrepôt ; toutes les terres incultes seront défrichées ; tous les marais seront desséchés, les montagnes seront replantées.

Alors la conscription n'aura plus pour but de prendre les fils à leurs mères pour en faire des hommes de guerre, de la chair à canon, des machines à fusil ; mais les armées tout industrielles se composeront de régiments de travailleurs, de soldats pacifiques dont les uns resteront en France pour exécuter les travaux publics, et dont les autres iront faire leur tour du monde, comme les ouvriers font aujourd'hui leur tour de France, et porter notre civilisation dans les contrées encore sauvages. Alors, l'armée sera un immense compagnonnage, dont les chefs seront les meilleurs élèves des écoles d'agriculture, d'arts-et-métiers, des mines, de commerce et de l'école polythecnique. Alors, un corps de savants de toute espèce : naturalistes, géologues, astronomes, chimistes, géomètres, historiens, philologues, géographes, économistes, etc., etc., remplacera le corps du génie et nos états-majors. Alors, des artistes de tout genre : poètes, peintres, musiciens, orateurs, serviront à inspirer d'enthousiasme les armées industrielles, à les passionner pour leurs nobles travaux, à leur donner une immense publicité par la double voie de la parole et de la presse.

Alors aussi le peuple ne sera plus le spectateur souffrant de toutes ces grandes choses; il ne ramassera plus les miettes qui tombent de la table du riche; il ne sera plus pauvre et déguenillé; il n'aura plus en perspective l'hospice et la prison; mais plus moral, plus éclairé, plus heureux, il sera associé aux riches et aux savants, et fera valoir, dans l'intérêt public, les capitaux des uns et la science des autres, car c'est ainsi que l'humanité doit s'élever de progrès en progrès jusqu'à l'ASSOCIATION UNIVERSELLE.

Hommes, qui ne nous comprenez pas et qui nous calomniez encore, voyez, c'est nous qui enseignons aux républicains la modération, l'ordre et la paix dans l'intérêt de ceux qu'ils aiment, du peuple; c'est nous, riches, c'est nous, savants, qui nous faisons peuple, c'est nous, qui laissons tout afin de rendre le peuple plus moral, plus éclairé; c'est nous qui voulons lui faire mériter un meilleur avenir, en lui apprenant des vertus nouvelles, et la science de l'ASSOCIATION!

A nous, bourgeois timides, à nous hommes craintifs! ne tremblez pas, mais comprenez-nous, car nous sommes le nouveau Christ; c'est nous qui portons la croix nouvelle; c'est nous qui nous dévouons, afin que le peuple sache qu'il doit respecter vos richesses, afin que vous sachiez qu'il faut lui venir en aide, non avec des hospices et des bagnes, mais avec des travaux publics, des banques, des caisses de retraite, des écoles de toute espèce! Hommes de tous les partis, il ne s'agit de dépouiller personne; mais il est possible de quadrupler la richesse sociale et le bonheur de tous; il est possible d'enrichir le pauvre sans déposséder le riche, et c'est là notre but.

NOTRE MORALE.

Quelle morale que celle du monde! Ici, des hommes qui trompent leurs femmes et leur imposent en revanche la fidélité; ailleurs, des femmes qui introduisent dans la maison conjugale les fils de l'adultère, des maisons d'enfants trouvés, des filles prostituées, voilà la morale-pratique de la société dans laquelle nous vivons; et tout cela, parce que la femme est l'égale de l'homme aux yeux du public, et qu'elle ne l'est pas aux yeux de la loi; nous voulons, nous, réformer les mœurs, et nous, nous en sentons la force; nous voulons que la femme soit L'ASSOCIÉE, L'ÉGALE de l'homme, au lieu de lui être soumise.

Nous voulons, nous, élargir le cercle de la petite famille et donner une mère (la patrie) à ceux qui n'ont aujourd'hui pour eux que les secours de la pitié.

Nous voulons qu'il soit libre à tous de rompre des nœuds mal assortis, parce que nous qu'on accuse d'immoralité, nous avons horreur du mensonge et de l'adultère.

Le public s'est emparé de nos doctrines pour les travestir; tandis que les uns nous accusent de vouloir la communauté des femmes, d'autres plaisantent fort agréablement sur la femme messie et les femmes apôtres, comme s'il était impossible qu'une femme de génie vînt nous aider à prêcher l'égalité de l'homme et de la femme, et qu'elle pût grouper autour d'elle d'autres femmes désireuses de briser le joug qui leur est imposé!

Républicains, amis du peuple, songez que tous les despotismes sont solidaires. Vous n'affranchirez le peuple qu'en déclarant la femme l'égale de l'homme. Bourgeois timides, rassurez-vous, nous ne porterons pas le trouble dans vos ménages, car nous ne voulons de révolte nulle part, car nous ne voudrions pas d'un 93 féminin. Nous aimons mieux prêter à vos plaisanteries en cherchant les femmes les plus capables, pour propager peu à peu par elles nos doctrines, et les faire descendre successivement dans les masses sans troubles domestiques.

C'est dans l'Orient seulement où les femmes sont tout-à-fait esclaves que notre parole pourra produire une grande sensation; c'est-là que peut être nous aurons à éteindre la persécution dans notre sang. Aussi y avons-nous envoyé le plus grand orateur de notre époque. BARRAULT, dont la voix éloquente a si souvent retenti au sein de Paris. Avec lui sont partis des savants et des artistes, anneaux d'une chaîne nouvelle qui doit lier l'ORIENT à l'OCCIDENT.

NOTRE CULTE.

Nous ne venons pas briser ce qui existe, mais le transformer.

Humanité, tu auras encore des jours de fête !

Dans le temple nouveau, nous placerons tous les bienfaiteurs des hommes, tous les génies qui ont servi la cause du progrès sous la bannière de la science, de l'art et de l'industrie.

Artistes, et vous femmes, vous préluderez aux trois circonstances de la vie, à la naissance, à l'entrée dans le monde et à la mort ; vous aurez pour tous des hymnes de joie ! Car dans notre religion, malgré l'inégalité des professions et des capacités, *tous seront appelés, tous seront élus.*

Bourgeois, prolétaires, nous ennoblirons vos cafés, vos guinguettes, nous les transformerons. Pour nous, le plaisir et l'art sont saints, quand ils ont pour but de rendre les hommes bons et heureux. Nous vous apprendrons une musique suave et la puissance de la poésie chantée en chœur, et des improvisations.

Peuple, tu auras un jour par nous des jouissances plus grandes que celles de l'opéra ; nous saurons t'initier à toutes les voluptés de l'art, à tous les mystères de la poésie ! Bientôt déjà tes baladins, tes charlatans, au lieu de te tromper et de te conter des sottises, sauront t'enseigner la science sous toutes les formes les plus amusantes.

Peuple, nous secouerons tes guénilles, et tu prendras un habit propre et gracieux, un habit qui ajoute à ta beauté ; car si l'homme a la face belle, c'est pour qu'elle soit l'ornement de cette terre que nous habitons, c'est pour qu'elle inspire l'amour et le respect.

Culte, ce mot veut dire *cultiver, honorer, fêter*. Eh bien ! les Saint-Simoniens se proposent de cultiver et d'embellir le globe, pour qu'il devienne le temple de DIEU, de l'harmonie universelle ; ils se proposent aussi de rendre l'homme plus parfait en grâce, en beauté, en force ; plus puissant par la science, l'art et l'industrie ; afin qu'il soit digne de ce temple, et qu'à côté des canaux, des édifices publics, des voitures à vapeur aussi rapides que les boulets de canon, il soit là comme une représentation de cette pensée divine, de cette force infinie qui aime les cieux et la terre.

La communion des premiers chrétiens n'était pas ce qu'elle est devenue depuis. Jésus, prenant le pain et le vin avec ses disciples, leur disait : Mangeons et buvons ensemble, partageons ce qui soutient le corps, comme nous partageons la nourriture de l'esprit ; et un jour, quand je ne serai plus parmi vous, vous ferez encore de semblables banquets en commémoration de celui-ci.

Nous, nous comprenons la communion de la même manière que Jésus. Nous ne voulons pas qu'on adore les grands hommes comme on adore Jésus ; mais nous voulons que de grands banquets servent à mettre ces grands hommes en communication de pensée avec le peuple qu'ils aiment, dont ils veulent faire le bonheur, et dont ils méritent l'affection.

Notre temple à nous, ce ne sera pas une masse de pierres où se feront entendre, dans une langue inconnue, des chants monotones et mystiques ; mais, comme l'a dit Saint-Paul, cet apôtre chrétien, qui, plus éclairé que les prêtres d'aujourd'hui, comprenait parfaitement que sa religion devait être une religion de plus en plus progressive, tout lieu où des hommes et des femmes se réunissent pour songer ensemble au bonheur de tous, à l'amélioration du sort de la classe la plus nombreuse et la plus pauvre, tout lieu où la même pensée d'amour anime les assistants, c'est un *temple*, c'est un lieu *saint*.

Peuple, tu te réuniras le jour de repos pour fêter par les danses, tes chants, et tes banquets, le travail de la semaine ; et tes danses, tes chants, tes banquets seront nobles, bons, saints, puisqu'ils auront pour but de t'exciter au travail qui élève et ennoblit l'homme, de t'arracher à l'oisiveté qui l'avilit, de soutenir ton courage pacifique, la plus belle de tes facultés.

Mais alors dans tes danses, dans tes chants, dans tes banquets plus d'immoralité ; car nous, nous ne voulons plus de prostitution ; plus de coupables ruses ; car nous ne voulons plus d'adultère ; mais alors la pensée du bien public rendra tous les cœurs plus purs, plus éclairés, plus bienveillants.

Hommes, l'âge d'or est dans l'avenir, et c'est l'association universelle qui réalisera le paradis terrestre !

QUI NOUS SOMMES.

Qui êtes-vous pour parler ainsi, nous diront les cœurs froids? Qui nous sommes, écoutez :

SAINT-SIMON, celui qui conçut la pensée d'une nouvelle religion, dégagée de mysticisme et pure de fraude, était issu d'une grande famille et descendait de l'empereur Charlemagne. Jeune, il combattit en Amérique pour la liberté; plus tard il acquit une grande fortune et la consacra tout entière au bien de l'humanité. Il est mort pauvre sur un grabat.

ENFANTIN qui a hérité de sa doctrine, qui l'a développée et qui nous l'a enseignée, est le fils d'un banquier de Paris. Il est sorti de notre école polytechnique et combattait en 1815, dans ses rangs, sous les murs de Paris, les ennemis de la France.

Sa beauté est comme une révélation de son génie. C'est lui qui nous a donné cette science philosophique que nous possédons et ce calme religieux qui vous étonne. Aujourd'hui il est pauvre, car il a consacré sa fortune à propager ses opinions; mais il est riche, car il s'est fait des fils qui l'aiment et sauront répandre la foi nouvelle.

A côté de lui, ont brillé, fécondés par sa pensée puissante, Michel Chevalier, élève de l'école polytechnique, ingénieur des mines; Fournel, l'ancien directeur des mines et fonderies du Creusot, qui dirigeait encore en 1830, 2500 ouvriers; les ingénieurs Flachat, Lambert, dont la France éclairée apprécie le talent; les capitaines d'artillerie et d'état-major, Hoart et Bruneau; Duveyrier, surnommé, par les non Saint-Simoniens, le poète de Dieu; Deichtal, le fils du banquier de Paris, et tant d'autres encore.

Allez à Paris, à Lyon, à Marseille, à Bordeaux, à Grenoble, à Dijon, à Saint-Etienne, à Avignon, à Toulouse, à Angers, à Nantes, etc., etc., etc., dans les principales villes de France, et vous y trouverez des ingénieurs, des avocats, des médecins, des savants, des artistes et des industriels, qui portent notre habit, entourés d'amis qui sympathisent avec eux; allez, et vous y verrez des ouvriers plus instruits en science morale que tous ceux dont nous excitons aujourd'hui le rire, et qui seront Saint-Simoniens quand ils nous auront compris.

Nantes, Imp. de Victor Mangin.